学校环境教育与科普系列丛书

初中环境教育
学科同步渗透教学设计

李友平　　赖建容　　杨景华
　　　　　　　　　　　　　　等　编著
黄显清　　梁雪梅　　钟长淑

科学出版社
北　京

内 容 简 介

本书选取初中阶段的语文、数学、英语、地理、化学、历史、美术、生物、体育与健康等 13 个学科中相关的环境教育与科普内容，并通过各种教学方式和教学手段同步渗透环境教育与科普，内容丰富、形式多样、设计新颖、实用性强。

本书可作为师范院校初中教育教学专业学生的教材用书，也可作为从事环境教育与科普教育教学、科学研究及管理工作人员的参考用书。

图书在版编目(CIP)数据

初中环境教育学科同步渗透教学设计 / 李友平等编著. — 北京：科学出版社，2018.8

ISBN 978-7-03-055839-8

Ⅰ. ①初… Ⅱ. ①李… Ⅲ. ①环境教育-教学设计-初中 Ⅳ. ①G633.982

中国版本图书馆 CIP 数据核字 (2017) 第 300391 号

责任编辑：张　展　孟　锐 / 责任校对：王　翔
封面设计：墨创文化 / 责任印制：罗　科

科 学 出 版 社 出版

北京东黄城根北街16 号
邮政编码：100717
http://www.sciencep.com

*成都锦瑞印刷有限责任公司*印刷
科学出版社发行　各地新华书店经销
*

2018 年 8 月第 一 版　　开本：787×1092 1/16
2018 年 8 月第一次印刷　　印张：13 1/4
字数：315 千字
定价：45.00 元
(如有印装质量问题，我社负责调换)

丛书编委会

本书编委会

主　　任　李友平

副 主 任　赖建容　　杨景华　　黄显清　　梁雪梅　　钟长淑

责任校对　梁雪梅　　沈鹏程

撰　　稿　（按姓氏音序排序）

陈冬梅	陈丽	陈廷	龚丽	龚媛	辜渊平
郭英	胡吉东	胡珊	胡世良	华咏晗	黄东东
黄红梅	黄萍	黄显强	黄显清	黄云凯	江桃英
江雪梅	江云芬	蒋鹏飞	金林青	柯明英	赖玲
李付平	李平	李平英	梁钧	梁雪梅	廖江慧
廖显敏	刘献慧	刘学真	刘艳	刘祖彬	卢芳
闵平	牟佳	潘顺兰	潘越	沈鹏程	宋世平
汤茂	唐娟	唐莉	王贵莉	王钦	王艳梅
吴广茜	吴青梅	夏绍霞	熊正霞	徐文治	杨景华
杨俊辉	姚琳	殷德丽	曾德良	曾燕燕	张贵兰
张利	张玲玲	张云霞	张泽辉	钟红英	钟敏
钟艳	钟长淑				

编辑校对：熊珍金

"学校环境教育与科普系列丛书"序

　　环境教育应当是一项面向全社会的系统性终身教育。当前从幼儿园、中小学到大学，环境教育并未形成完整的系统，还未做到常态化、系统化和规范化。由于环境教育的多学科性等特点，当前我国学校环境教育无统一大纲教材、无专兼职专业教师、无交流学习平台。这些都制约了环境教育的持续深入开展。在教材和教学资料方面存在的问题是：一、适合少数学生参加的课外活动教材较多，用于学校的主渠道——课堂教学，适合多数学校面向全体学生的渗透教材却很少；二、教材内容侧重污染与治理，且宏观介绍多，有不少教材的内容还停留在"三废"治理水平上；三、教材内容偏重知识介绍，对于培养大、中、小学及幼儿园学生环境保护行为习惯与解决环境问题的初步技能重视不够，在知识教育与行为培养上有些脱节。

　　环境教育不仅仅是环境知识教育，更重要的是环境观念、环境意识与参与保护环境行为的教育，是素质教育的重要组成部分。环境教育在很大程度上是价值观教育和伦理道德教育，重在培养学生的环境意识、保护环境的责任感和对环境行为是非的价值判断能力，并使人们形成良好的行为习惯。

　　为了有效实施环境教育，发挥环境教育对生态文明建设的先导性和基础性作用，我们设计了从幼儿园、小学、初中、高中到大学的环境教育系列教材，在既保证系统连续性，又兼顾差异层次性的前提下，全面覆盖、全程实施环境教育。具体设计思路是：全员参与，全面覆盖；学科主线，同步渗透；有机融合，循序渐进；淡化知识，重在育人；本土特色，适时更新。本丛书具有可操作性强、实用有效和资料查询于一体的特点，力争做到学校环境教育的系统性、全程性、层次性和创新性，为实现学校环境教育常态化、系统化和规范化做一些探索尝试。

　　《学校环境教育与科普系列丛书》共分两个系列7个分册。第一个系列：课内学科渗透教学设计，按学段划分为5个分册，即幼儿园、小学、初中、高中、大学。第二个系列：课外主题实践活动设计，有2个分册，即活动方案设计与实施、活动评估与成果。

　　本套丛书得到中国环境科学学会、环境保护部宣传教育中心、四川省环境科学学会、四川省环境保护宣传教育服务中心、西华师范大学环境科学与工程学院、西华师范大学环境教育中心等单位大力支持，在此表示诚挚的谢意！同时，感谢四川环境教育 1+N 联盟成员的大力协助！

何平均

2016 年 1 月

前　言

　　随着人类文明进程的加速，环境与生态无疑成为当今世界共同面临的重大课题。20 世纪 70 年代，联合国教科文组织和环境规划署提出了开展环境教育的系列主张，我国政府积极回应，相继出台了推动保护环境和开展环境教育的相关政策与法规。环境教育作为我国基础教育内容的重要组成部分，不断得到关注和重视。我校作为四川省"绿色学校"，四川省第二批 "环境友好型学校"，多年来通过校本课程、社团活动、主题实践、研学旅行、课题研究等形式，开展了多种形式的环境教育实践探索，取得一些成效。但正如生态环境的保护和治理一样，这是一个长期艰苦的过程，反映在学校教育中，由于缺乏国家层面的教育课程标准和教材，缺乏专业的师资和研究力量，缺乏较为系统的课程和评价体系等原因，学校的环境教育仍处在自发的、兴趣的、零散的状态，学科教育的科学性、系统性、针对性、人本性、持续性都远远不够。

　　如何让环境教育在校园落地生根，让保护生态环境成为每个师生的自觉意识和行为，这是学校教育的责任。为此，我们紧扣"绿润生命，盛级未来"的绿色教育办学理念，借助"四川环境教育 1+N"联盟成员学校的平台，提出"让课堂成为环境教育主阵地"的教育策略。即以学科为主线，在课堂教学中同步渗透环境教育，这既是学科教学的价值彰显，也是教学活动的应然要求，可以在一定程度上解决环境教育在内容、教材、师资等方面的问题，尤其是可以让环境教育常态地发生在每个师生的学习中，做到润物有声，花开有色，教育有痕，成长有路。

自贡市蜀光绿盛实验学校　杨景华

2017 年 12 月

目　录

语　文

数　学

英　语

地　理

化 学

历 史

美 术

生 物

体育与健康

物 理

信 息 技 术

音　乐

品德与社会

初中环境教育学科同步渗透教学设计

Yuwen

01　骆驼寻宝记

（初中语文七年级下册）

李平　辜渊平

【教学设计背景及学情分析】

《骆驼寻宝记》是语文版初中语文七年级下册的一篇童话故事，主要讲述了一只骆驼在各种动物纷纷放弃寻宝的时候，凭借着坚持不懈的精神最终寻宝成功的故事。这里的骆驼寻到的宝贝不是金银财宝，而是将沙漠变成绿洲的宝物；不是让自己养尊处优的宝物，而是为大家谋福利的宝物。童话是现实的折射，这篇童话反映出在历史大潮中，人们纷纷为了一己私利，破坏自然环境，导致土地沙漠化的现实。

童话是七年级学生喜欢的体裁，本文使学生在理解骆驼高大形象和高尚品质的同时，了解环境保护的重要性，学生也易于接受。

【环境教育渗透点】

E4 植树与绿化。

【教学目标】

(1)把握骆驼形象及作者刻画形象的方法。

(2)学习骆驼不畏艰险、坚韧不拔、胸怀大众的品质，树立正确的价值观。

(3)学生通过查阅资料，了解保护生态环境的方法。

【教学重点】

本课的教学重点是引导学生关注生态环境，参与环境保护行动。

【教学难点】

本课的教学难点是让学生从骆驼的高尚品质中领会环境保护的重要性和追切性。

【教学准备】

(1)学生课前准备有关治理沙尘暴的资料，做好摘录。

(2)教师让学生观看课前准备的有关沙尘暴和环境污染的电影片断。学生看完影片后，提出治理沙尘暴及环境污染的设想。

【教学过程】

一、自主学习

(1)学生初读课文，对生难字、词做好标记。

(2)认真阅读课文，理清故事情节。

(3)回答下列问题。

①课文题目是《骆驼寻宝记》，除了骆驼，课文还描写了哪些动物，为什么要写这么多动物？这样写有什么好处？

②骆驼要寻的宝是什么宝？

③在你的眼中，骆驼是一个怎样的形象，你是从哪里看出来的？

④你从骆驼寻宝的目的和经历中得到怎样的启示？

二、合作交流

(1)小组内交流自主学习部分的内容。

(2)班级交流展示。

(3)教师点拨小结。

三、拓展延伸

1. 引入

寻宝路上骆驼会想些什么？

要求：用第一人称，根据骆驼的行为做出合理想象。

2. 献计献策

目前，我国土地沙漠化问题十分严重，沙尘暴不时侵袭内蒙古自治区、甘肃省、北京市等地区，造成严重危害，而我们身边破坏生态环境的现象也时有发生，作为 21 世纪的主人，我们以什么实际行动来改变目前这一状况呢？请用你智慧的头脑和勤劳的双手，帮助老师描绘一幅美好蓝图(学生课前准备关于治理沙尘暴、水污染及空气污染的资料)。

【板书设计】

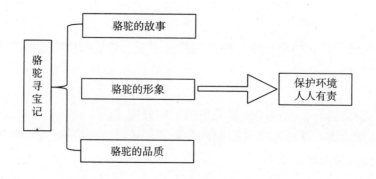

02 周庄水韵

(初中语文八年级上册)

黄红梅　杨俊辉

【教学设计背景及学情分析】

本文为游记，意在让学生了解祖国山川的壮丽可爱，使学生更加热爱祖国大好河山。本文属于写景抒情式游记类散文，旨在让学生了解游记的特点，引导学生学习游记的写作方法，学习课文中写景时运用的多种修辞手法及生动形象的语言表达方式，并能在写作中运用；引导学生体会作者渗透在游记中的感情，并品味散文的语言风格。

周庄具有江南典型的"小桥、流水、人家"特色。周庄不仅有欣赏、旅游的价值，更应该是我们汲取民族历史文化营养的"脐带"。课文包含一种韵致：两相联系、三次游历、四个画面、四种方法。

现阶段的中学生感情丰富，有着独特的审美情趣和想象力。本课文文字清丽，似一幅幅流动的画面，很容易激发学生的想象和内心的情感。教师应充分考虑学生的这一特点，教学中注意调动学生的生活积累和情感体验。八年级学生已经具备基本的阅读能力，可以通过预习领会课文内容，把握课文大意。但学生可能还没有形成良好的学习语文的习惯和方法，摄入的信息量比较少，不能主动、积极地学习。个别学生对语文缺乏兴趣，对老师依赖性较强，学习较为被动。

【环境教育渗透点】

A3 水污染与治理；K2 可持续发展。

【教学目标】

1. 知识与技能

(1)了解作者三次游周庄的情景和感受。

(2)培养学生的朗读能力。

(3)品味欣赏散文清新优美、抒情性强的语言，体会课文表达的真情实感。

(4)学会从不同角度描写景物的方法。

(5)通过对比阅读，树立学生的环保意识。

2. 过程与方法

(1)通过自学，扫清字、词障碍。

(2)通过多种阅读方式，了解文章内容及作者三次游周庄的感受。

(3)充分利用多媒体课件图片，要求学生根据画面，想象文中描绘的情景。

(4)增强对语言的感悟和运用能力。

　　3. 情感态度与价值观

　　(1)整体感知周庄水乡动人的情韵，了解祖国如诗如画的水乡风貌，感受祖国山河的美好。

　　(2)引导学生增强对外开放意识，理解改革的重要性。

【教学重点】

　　本课的教学重点是品味清新优美的语言，欣赏周庄水韵的古典意境。

【教学难点】

　　本课的教学难点是走出课本，联系历史与现实，对周庄历史人文的当代价值做出正确的评价。

【教学准备】

　　教师：①准备播放的音乐和教学课件；②采用多媒体辅助教学。

　　学生：课前预习，朗读课文，完成学案。

【教学过程】

　　1. 导入课题，营造气氛

　　(1)播放多媒体课件。一曲悠扬、和谐的笛声从远方悠悠响起，一艘乌篷木船慢慢从水面上划过，木橹在水面上轻轻搅动，两岸的楼房、头顶的石桥——从身旁掠过……

　　(2)让学生翻阅课前教学插图。教师引导学生了解：中国第一水乡——周庄。请学生叙述周庄水乡留给人们的总体印象。

　　要点：河水、波光、倒影、石桥、小舟、行人，古雅优美，充满诗情画意。

　　(3)教师通过多媒体，展示周庄水乡的美丽景色，调动学生的学习兴趣。

　　周庄简介(投影)：周庄环境幽静，建筑古朴，有 900 多年的历史，虽历经沧桑，但仍保存着原来水乡集镇的建筑，全镇 60％以上的民居是明清建筑风貌，仅 0.4 平方公里的古镇就有近百座古典宅院和 60 多个砖雕门楼，同时保存了 14 座各具特色的古桥，共同绘制出一幅动人的风景画。老师引导："这里有桥、有水、有人，同学们能想到哪位作者的名句？"

　　2.初步感知课文

　　(1)解题。古人云："读万卷书，行万里路"，许多人在"行万里路"后才写出优美动人的游记，本文作者赵丽宏三次神游周庄写下此篇《周庄水韵》，这个"韵"字指什么？周庄水的"韵"具体体现在哪里呢？同学们要带着这个问题来欣赏本文。

　　(2)朗读课文。朗读时教师加以指导，并指出一些字、词的意义。

　　①请几个同学朗读课文，学生现场评价，教师指导。

　　②本文的感情基调是欢快和喜悦的，朗读时要语调舒缓轻柔，语音清晰自然，不要过于造作。注意节奏与停顿，但语断情不断，个中韵味要把握好，朗读时以头脑出现一幅幅

形象的画面为最佳。

3. 师生讨论课文内容

(1)复习游记知识。

(2)把握文章整体脉络。教师引导学生讨论,然后指出文章的整体脉络为总分结构,可分为两大部分:

①第一部分为 1~3 自然段,叙述周庄水乡留给人们的总体印象;

②第二部分为 4~6 自然段,描述作者三次游周庄的情景及感受。

4. 分析课文

讨论第一部分。

(1)阅读第一自然段,讨论下述问题。

①作者从哪几个方面来描写周庄给他的总印象?

学生讨论:从水中迷离的倒影、河道上应接不暇的拱桥及"井"字形的河道三个方面来描写,突出周庄是东方的"威尼斯"。

②本段描绘了一幅怎样的画面?

要点:本段描绘了一幅乌篷船水中摇橹时,水面出现倒影的美丽画面。

③这个画面体现了什么?

要点:周庄水美,倒影如画(静态美),波动似绸(动态美)。

④找出文中的比喻句,指出本体、喻体,并说出其作用。

(2)阅读第二自然段。

①首先使用了一句反问句——"有什么比在周庄的小河里泛舟更富有诗意呢?"这句话有什么作用?

学生讨论后教师归纳:作者强调在周庄的小河里泛舟最富有诗意,同时也引起读者的思考——如何有诗意?

②请学生找出使在周庄泛舟有诗意的景物。

要点:小小的木船,窄窄的河道;拱形的桥孔,古老的形状且风格不同的石桥;桥上的行人,船上的乘客。这些景物就如同诗中所描绘的一样,充满诗情画意。

(3)阅读第三自然段。

①周庄布局有什么特点?请学生在文中找出。

要点:河道呈"井"字形,街道和楼宅被河分隔,石桥巧妙地将古镇连为一体。

②"这样的景象,大概只有在威尼斯才能见到"这句话如何理解?

要点:这是对周庄水乡的高度评价。

(4)小结。第一部分叙述了周庄水乡给人们的总体印象。河水、波光、倒影、石桥、行人、小舟,古雅幽美,充满诗情画意。

5. 课后作业

(1)阅读课文。

(2)背诵课文第 4 段"第二次到周庄是冬天……用人类的乐器永远也无法模仿。"

(3)课外阅读《远去的周庄》。

【板书设计】

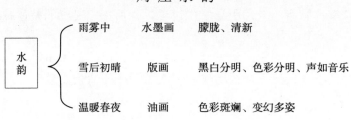

周 庄 水 韵

水韵
- 雨雾中　　水墨画　　朦胧、清新
- 雪后初晴　版画　　　黑白分明、色彩分明、声如音乐
- 温暖春夜　油画　　　色彩斑斓、变幻多姿

03　青海湖，梦幻般的湖

(初中语文八年级上册)

钟艳

【教学设计背景及学情分析】

本文是一篇游记，旨在让学生把握游记的写作方法，学习语言的运用；引导学生体会作者渗透在字里行间的感情。

青海湖的特点就是梦幻，为什么说青海湖是梦幻般的湖？作者怎样来体现青海湖这一特点？作者对青海湖有着怎样的情感？解决了这几个问题，就能把握文章中心和文体特征。

本文是本单元的第三篇课文，可与本单元的《巴东三峡》《周庄水韵》比较阅读，找出三篇文章的共同点和不同点，从而明确游记的文体特征，了解不同的写作方法。

八年级学生已经有基本的阅读能力，本文又是自读课文，可采用自读式教学法，培养学生的阅读能力。

【环境教育渗透点】

A3 水污染与治理；K1 生态文明。

【教学目标】

(1)理清思路，把握情感线索。
(2)感悟美景，掌握观察方法。
(3)品味语言，揣摩表达效果。
(4)深刻反思，人与自然和谐。

【教学重点】

(1)感悟美景，掌握观察方法。
(2)品味语言，揣摩表达效果。

【教学难点】

(1)理清思路，把握情感线索。
(2)深刻反思，人与自然和谐。

【教学准备】

(1)收集青海湖过去与现状的相关资料。

(2)搜集国内自然景观遭受破坏的典型案例(提示:云南滇池因过度开发而被污染)。

(3)寻找治理环境污染(尤其是水污染)的方法。

【教学过程】

1.导入

上一堂课,我们品味了周庄"小桥、流水、人家"般的江南水乡之韵,那种韵味能净化我们的心灵。今天,让我们跟着当代作家冯君莉"一起上路",去感受大西北的青海湖,去领略它所特有的情致。

2.整体感知

学生自读课文。

要求:读准字音,读通课文。

3.读懂内容

(1)作者是以什么为线索来描绘青海湖风光的?

设计意图:帮助学生掌握寻找线索的方法。

(2)讨论文章观察景物的方法(可与《周庄水韵》《巴东三峡》进行比较)。

设计意图:在与前文所用的观察方法的比较中,掌握"定点观察法"。

(3)作者是按怎样的顺序观赏青海湖的?请在文中勾出相关的语句。

设计意图:帮助学生理清文章思路。

(4)作者从哪几个方面描绘了青海湖的美?

设计意图:帮助学生概括文章内容。

(5)作者是怎样写青海湖湖水醉人的蓝色的?其中用了对比、比喻、排比等多种修辞手法,请在书上把这些句子勾出来并赏析。要求:①自读课文,勾出相关句子并赏析,将赏析写在草稿本上;②小组内分享自己的赏析,做到每人发言,组员互评;③小组内随机抽查,学生点评、补充;④教师点评、小结。

设计意图:帮助学生品味青海湖梦幻般的美,感受语言的魅力,以及把握语言运用的技巧。

(6)师生总结。

4.讨论交流

看到梦幻般的青海湖,作者流露出怎样的感情?我们应该怎样开发利用青海湖,让人与自然和谐发展?

设计意图:集思广益,探寻可持续发展之路。

5.类文阅读

感 悟 周 庄

父亲前些时到苏州出差,回来后说他去了趟周庄。

周庄,在我听到这两个字眼时,心是颤动了一下的,虽未去过,但早有耳闻。我看过许多有关周庄的介绍，那应该是一个青砖古瓦砌出的百年老庄，淙淙的流水贯过庄去，棕黑色的木窗框似乎想透过一扇扇寂静的窗户向人们讲述这百年老庄的历史。在雨中、在雾中，周庄朦胧着，似乎多了一份水乡的温柔与神秘。我心中的周庄形象，就是这样一个清幽、雅致，与外界尘嚣互不沾染的世外桃源。据说三毛一来到周庄，就被它的气质与美妙所触动，她哭了，想把周庄紧紧搂住，像是愿与之融为一体似的。

于是，我便急着向父亲打听周庄。

我兴冲冲地打听，收获到的却是深深的失望——父亲几乎把周庄全盘否定了，他说周庄一点也不好玩，"游人太多了，人挨人，人挤人，简直站不住脚，你只能随着人流瞎跑。挤了半天，没看到个情由，却挤出一身臭汗，而且到处噪音，嘈杂得要命，实在是毫无情趣可言！"

在父亲的抱怨声中，我似乎明白了周庄"不好玩"的原因。

周庄，是以她的清幽、别致与宁静的水乡神韵著称于世的。都市里生活的人们，为避一时的喧嚣，匆匆赶来，还有那些揣着大把票子慕名买乐的人们，也许会感受到一时的清静，但如父亲所言，人挤人的周庄，在一派喝彩声中，虽然房屋、古桥、流水没变，却失去了它的清静，也失去了它的灵魂，这无异于失去了音乐的维也纳！如今人群熙攘的周庄，像是烫了发的林黛玉——清秀美丽的脸庞依旧，却失去了她应有的孤傲和超凡脱俗的气质，真可谓"人面桃花依旧在，相逢一视已茫然"……从这样的周庄归来，失望便在情理之中了。于是，只有从门票上感知恬静的周庄了。商业铁蹄如此粗暴地践踏着文明与文化的命脉，这该归功于人类还是应归罪于人类呢？倘若三毛还活着，来到这周庄，不晓得她是否还会流下昔日感动的泪？

(1)作者认为周庄的神韵是怎样的？今日的周庄失去灵魂的原因是什么？

(2)你是如何理解"只有从门票上感知恬静的周庄"这句话的？

(3)《青海湖，梦幻般的湖》结尾，作者感慨道"现代文明固然是一种不可阻挡的潮流,然而是不是应该给原始的纯自然的美留下一席之地呢"？本文的作者也有类似的感受，你能找出这句话吗？

(4)你认为应该怎样开发周庄？

【板书设计】

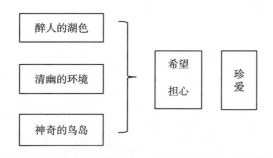

04　雨林的毁灭——世界性灾难

(初中语文八年级上册)

江雪梅　黄云凯

【教学设计背景及学情分析】

本文是语文版初中语文八年级上册第五单元的课程，涉及环境科学内容，为了拓宽学生的科普视野，又增添了《生物多样性》《限制生物长大的"魔咒"》两篇文章，采用群文阅读的课型完成本节课的教学。

学生平时接触科普文章较少，对环境科学了解不多，环保观念淡薄。本课的学习意在拓宽学生环境科学方面的知识，提高环保意识，从自身做起，做大自然的好朋友，成为环保小卫士。

【环境教育渗透点】

E.生物多样性。

【教学目标】

(1)充分认识雨林在生态环境中的重要地位及"生物的多样性保护"现状，认识"限制生物长大的'魔咒'"，增强学生环保意识。

(2)比较阅读，掌握列数据、做比较、举例子等说明方法。

(3)提高学生阅读科普文章的兴趣和能力。

【教学重点】

本课的教学重点是通过三篇文章的阅读，让学生认识环境保护的重要性，增强环保意识。

【教学难点】

本课的教学难点是提高学生阅读科普文章的兴趣和能力，增强学生环保意识。

【教学准备】

教师要学习"雨林""生物的多样性保护"等相关知识，提高环保知识素养。

【教学过程】

1. 自主学习

(1)默读三篇短文各两遍，标注出生字、生词。

(2)思考完成以下问题。

①《雨林的毁灭——世界性灾难》中，雨林的毁灭将给生态环境带来怎样的"连锁反应"，用树形图来表示(树干表示雨林，树枝表示与之休戚相关的物种)。

②《生物多样性》中，生物多样性保护"行动却很遥远"的原因是什么？

③《限制生物长大的"魔咒"》中，限制生物长大的"魔咒"是什么？

④在文中找出至少三种说明方法，并在文中批注其作用。

2. 合作探究

(1)小组内交流自主学习部分的内容，选出参加班级交流的代表。

(2)班级交流展示。

(3)教师点拨小结。

3. 深化拓展

(1)通过对本课的学习，请学生说说收获了什么？引发了怎样的思考？生活会有些什么变化？

(2)运用对联知识，拟一副环保对联。

【板书设计】

雨林的毁灭——世界性灾难(群文阅读)

| 灾难 | 单一 | "魔咒" |
| 雨林毁灭 | 生物单一 | 最终难逃"魔咒" |

环保意识、宣传到位、及时改善生态

05 海洋是未来的粮仓

(初中语文八年级上册)

钟长淑 张利 郭英

【教学设计背景及学情分析】

如果说前一篇文章充满了悲天悯人的情怀,本文则充满了乐观、自信,对人类未来的吃饭问题进行了乐观的展望。文章开始提出有些人的担忧——可耕土地资源不足,粮食不足,接着介绍海洋食品有巨大的开发潜力。思路一变,就找到了出路。教学中应注意引导学生多角度、创造性地思考,并进一步掌握做诠释、做比较的说明方法。

【环境教育渗透点】

E2 生物多样性的重要性。

【教学目标】

本课的教学目标是结合文章思路,引导学生多角度思考问题、寻找答案,树立环保意识,增强环保责任感,做合格的环保小卫士。

【教学重点】

(1)了解我国海洋现状,理解"海洋将成为未来的粮仓"的含义。

(2)了解说明文的文体特点。

【教学难点】

(1)学习多角度思考问题,树立环保意识。

(2)了解说明文的主要说明方法,理解这些说明方法的作用。

【教学准备】

(1)让学生提前了解我国海洋情况。

(2)准备好相关多媒体资料。

【教学过程】

1. 导入新课

通过多媒体展示大海的广阔,包括各种各样的藻类植物、鱼虾等生物。

大海是一个比陆地还广阔的世界,里面居住着形形色色的生物,它能为人类提供大量的物质财富。

　2．整体把握

　(1)文章讲了几种海洋食物？有这样多的食物，你还会为人类未来的吃饭问题担忧吗？

　(2)这样多的海洋食物应如何开发？

让学生明确：

①要加大开发力度，从全文可知，当前海洋食物的开发力度还远远不够；

②要加强人工养殖，不断研究培育新品种；

③不能破坏生态平衡，开发要适度，不能只顾眼前；

④开辟远洋渔场，发展深海渔业。

　3．重点难点突破

　(1)进一步掌握几种说明方法。

①做诠释。如对"粮食"的解释，可联系《花儿为什么这样红》中对"胡萝卜素"的解释，《雨林的毁灭——世界性灾难》中对"雨林"和"二氧化碳"的解释。

②做比较。如将海藻产量和小麦产量进行比较。

③举例子。

　(2)体会说明语言的准确性。如"资源短缺的表现之一""在不破坏生态平衡的前提下，若能把它们捕捞出来""近海的鱼虾捕捞已近极限"。

　(3)文章的乐观、自信基于两种观念的转变：①从在土地上生产粮食转变为到海洋里寻找粮食；②对粮食认识的转变。

　4．拓展延伸

　(1)未来人们吃什么？怎样吃？展开联想和想象，写一篇科幻文章。

　(2)上网查阅有关海洋产品的资料。

　(3)查阅我国海洋开发的现状，做一份海洋开发的计划。

　(4)了解怎样保护海洋的知识。

【板书设计】

海　　洋

1．海藻量大

2．浮游生物丰富　　粮仓

3．鱼虾众多

做比较、做诠释、分类别、列数字

06　沁园春·雪

（语文版初中语文九年级上册）

金林青　柯明英

【教学设计背景及学情分析】

《沁园春·雪》是毛泽东诗词的代表作，所写景物雄浑壮丽、所抒胸襟博大宽广。这首词为我们展现了一位顶天立地的巨人，一位指点江山、激扬文字的词人，一位壮志满怀、豪情万丈的英雄。本文感情激昂、豪迈，是对学生进行诵读训练的绝佳教材，是走进毛泽东心灵、领略伟人风采的最佳桥梁，也是培养学生表情达意的最佳范本。

"多娇"江山，需要我们每一个人的爱护，而我们的家乡也能让我们"竞折腰"。通过本文的教学，让学生以"自贡美景"或"校园美景"为话题创作诗歌，让学生思考，在现代化进程如此之快的时代，怎样保护我们可爱的家园，怎样让我们祖国的大好河山更加美丽。

【环境教育渗透点】

K1 生态文明；K7 绿色创建。

【教学目标】

(1)通过诵读诗歌，营造"声动"课堂氛围，培养学生大声朗读、自信朗读的习惯。

(2)通过炼字、炼词、炼句，培养学生品味、鉴赏诗词的能力和自主学习的能力。

(3)引导学生领会作者赞美祖国壮丽河山和无产阶级革命英雄主义的感情，激发学生写作诗歌的兴趣。

【教学重点】

本课的教学重点是培养学生品味、鉴赏诗词的能力。

【教学难点】

本课的教学难点是培养学生品味、鉴赏诗词的能力。

【教学准备】

老师准备多媒体课件，观察并发现身边的美景。

【教学过程】

1. 激趣导入

（1）老师：今天，我们来学习毛泽东的《沁园春·雪》，同学们熟悉吗？有没有同学能背诵？能背诵的背诵，不能背诵的看着书朗读一遍。

学生背诵（朗读）。

（2）老师：这首词我们并不陌生。按照我们的阅读经验，这样的诗词一般都是上阕写景，下阕抒情。今天就让我们走进《沁园春·雪》，在词里行间去欣赏毛泽东给我们带来的雪景。

2. 词里行间，我赏雪景

（1）老师：请同学们采用这样的方式自学上阕。

屏幕出示：上阕描写了_____的雪景，我是从_____感受到的，因为_____。

老师：请同学们跟我一起读_____。

（2）老师先做一个示范：上阕描写了壮阔的雪景，我是从"千里""万里"这两个词语感受到的，因为这两个词语虽有些夸张，却让我们的眼前展现出一幅辽阔无边的皑皑白雪图。

请同学们跟我一起读：北国风光，千里冰封，万里雪飘。

老师：请同学们按照这样的方式自学，并做好批注。

（3）学生自学：勾画、批注、朗读。

（4）小组交流讨论。

（5）班级交流展示。

学生赏析的词语可能有："望""顿""内外""上下""山""原""长城""黄河""红""银""舞""驰"等。老师指导，学生品味、朗读。

朗读中以鼓励为主：如果领读的同学朗读很有感情，请同学们跟着他一起读；如果领读的同学还没有读出味道，那就请全班同学一起有感情地朗读来感染他。

老师小结：上阕描写了气势磅礴、妖娆多姿的北国雪景，让我们带着赞美，带着陶醉，齐读上阕。

3. 词里词外，我悟雪情

（1）老师：真是"江山如此多娇"啊（板书：江山多骄）！这么美的河山，怎不令人骄傲与自豪呢？你们觉得哪个"骄"（"娇"）更好呢？

学生思考、回答。

（2）老师：为了让同学们便于理解作者所要抒发的情感，下面老师简单介绍一下写作背景。

1936 年 2 月，日本帝国主义继侵占我国东北三省以后，又将魔爪伸向华北地区。蒋介石则迎合日本帝国主义的要求，继续实行不抵抗政策。国家和民族处于危急存亡时刻。与此同时，遵义会议确立了毛泽东在全党全军的领导地位。毛泽东同志率领红军长征部队胜利到达陕北清涧县袁家沟，准备渡河东征开赴抗日前线。为了视察地形，毛泽东同志登上海拔千米且白雪覆盖的塬上，当"千里冰封"的大好河山展现在他眼前时，不禁感慨万千，诗兴大发，欣然命笔，写下了这一首豪放之词。

(3)老师：请同学们采用这样的方式自学下阕。

屏幕出示：下阕抒发了＿＿＿＿＿＿＿＿之情，我是从＿＿＿＿＿＿＿＿＿＿感受到的，因为＿＿＿＿＿＿＿＿。

请同学们跟我一起读＿＿＿＿＿＿＿＿＿＿。

学生自学：勾画、批注、朗读。

小组交流讨论。

班级交流展示。

学生赏析的情感可能有：对祖国大好河山的喜爱之情——"江山如此多娇"；对历史人物的批评——"略输""稍逊""只识"；对广大人民群众的赞美之情，自信、自豪之情——"数风流人物，还看今朝"。

(4)当学生谈到最后主旨句时，教师点拨：风流人物指谁？

(5)老师："数风流人物，还看今朝"是何等的自信、豪迈。请同学们看毛泽东的这两首词，你能找出和"俱往矣，数风流人物，还看今朝"意境相同的诗句吗？

屏幕出示《沁园春·长沙》上阕和《清平乐·六盘山》。

明确："怅寥廓，问苍茫大地，谁主沉浮？""今日长缨在手，何时缚住苍龙？"

(6)老师(指点两词)：这是1925年参加革命不久的毛泽东的胸襟，这是1935年长征尚未取得成功时毛泽东的气度，可是为什么《沁园春·雪》会成为毛泽东的代表作呢？别的咱们不看，仅从这几句，你能读出点什么吗？

学生思考，讨论。

(7)老师：我很激动，为同学们的目光与学识。咱们分开读，女生齐读"怅寥廓，问苍茫大地，谁主沉浮？"男生齐读"今日长缨在手，何时缚住苍龙？"全班齐读"俱往矣，数风流人物，还看今朝。"要求最后四个字读三遍，气势要一遍比一遍强。

学生齐读，慷慨激昂。

4. 我悟我情，我写我心

(1)小结：这首词是最能体现毛泽东诗词宏伟气魄的典范。整首词语言凝练豪放，动静相衬，虚实相生，由景入情，尽情地展现了作者前无古人、后无来者的巨大胸怀和气魄。下面就让我们一起来朗诵一下这首词(配乐)。

(2)老师："数风流人物，还看今朝"，我觉得"数风流人物"还要看在座的每一位。下面我带来一首《沁园春·绿盛》，先请作者曹羽翔同学来谈谈写作动机。

沁园春·绿盛

曹羽翔

绿盛华韵，十载孕育，四方闻名。览青青校园，绿怡春盎；楼宇亭台，冬和夏清。书声琅琅，练影霍霍，生机畅逸乐意盈。步毅坚，迎莘莘学子，臻美殊侗。

绿谐德育务谨，荣膺无数省国缤誉。集撰华卓英，鸿章雅琴，荣就纷纷，隽才尽蕴。一校两区，理念共进，绿盛教育争鼎冯。展宏图，育千万英才，再创佳绩！

（3）曹羽翔同学谈写作动机。同学们一起朗诵。

（4）小结：江山如此多娇，让毛泽东这样的伟人为之折腰。而我们的家乡自贡、我们的校园绿盛也有这样的美景，因四时而不同，因你们而不同。曹羽翔同学已经给了我们很好的示范，他用他的笔抒发了对我们学校的无限热爱和祝愿之情。课后，请同学们利用周末的时间走近自贡，用你的眼睛去发现家乡的美，并用你的笔写下来，并想想，我们应该怎样维护这一份美丽？

【板书设计】

沁园春·雪

毛泽东

景：江山多娇　　　骄

评：古代帝王

颂：人民大众

07　善待家园

（初中语文九年级下册）

陈廷　王钦

【教学设计背景及学情分析】

本文是《国土资源报》记者吴岗写的一篇报告文学，发表于《啄木鸟》2001 年第 6 期，编入教材时做了一些删改。文章中，作者以触目惊心的事实和无可辩驳的数字，展示了我国地质灾害的现状，揭示了"人祸已成为我国地质灾害最主要的原因"，呼吁每个公民善待家园、善待自己，把防治地质灾害作为义不容辞的责任。

九年级的学生是第一次接触报告文学这种文体，相对比较陌生，可是对"爱护环境、保护家园"这一主题已经有很深的认识。在这样的学习背景下，学生容易在已有的知识储备下更快地接受新知识点。

【环境教育渗透点】

E4 植树与绿化；H1 能源危机；K2 可持续发展。

【教学目标】

（1）了解我国地质灾害的严重性和实施综合治理的迫切性。

（2）理解列数据、举例子、做比较等说明方法在文中的作用。

（3）在认识环境问题的基础上，意识到身上的责任，明白落实到行动的重要性，明确应该采取的具体措施和行动；增强环保责任感，做合格小公民。

（4）学生自主参与、自主行动，根据实际情况，在生活中参与环保，做环保公民。

【教学重点】

（1）理解列数据、举例子、做比较等说明方法在文中的作用。

（2）身体力行做环保。

【教学难点】

本课的教学难点是了解我国地质灾害的严重性和实施综合治理的迫切性。

【教学准备】

教师准备多媒体课件，学生课下收集相关知识。

【教学过程】

1. 导入课文

老师："环保"这个话题，大家都很熟悉。哪位同学来说说你身边发生过的和正在发生的有关环保的事？

2. 整体感知，初步理解

(1)学生：自读课文，正音。

①生字识记。

顷 qǐng	淤 yū	蚀 shí	浸 jìn	徙 xǐ	骸 hái
藻 zǎo	俏 qiào	岔 chà	蛰 zhé	锨 xiān	堰 yàn

②词语释义。

侵蚀：逐渐侵害使其变坏。

呵护：爱护，保护。

繁衍：逐渐增多或增广。

紧俏：(商品)销路好，供不应求。

吞噬：吞食，吞并。

今非昔比：现在的情况不是过去所能比的。

相安无事：彼此相处没有冲突。

猎猎：象声词，形容旗帜被风吹动的声音。

(2)作者、作品介绍：吴岗，记者，文章节选自《啄木鸟》2001年第6期。

(3)体裁：报告文学，以现实生活中具有典型意义的真人真事为题材，经过适当的艺术加工而成，具有新闻特点。

回忆初二学习的新闻知识：报告文学是新闻文体。新闻文体由标题、导语、主体、背景、结语五部分组成。导语(副标题)：一句话或一段话，是新闻当中最有价值、最核心的事实概括。主体：对导语的展开补充。背景：新闻发生的历史背景和环境条件。结语：最后一句话或一段话，具有启发与激励性的语言。

(4)依据新闻文体的组成，梳理课文结构并概括段意。

(5)课下搜集有关国内外因生态遭破坏而酿成严重后果的资料，进一步认清防治地质灾害的迫切性，从而增强环保意识。

3. 联系实际

(1)出示一组图片，进一步直观了解我国地质灾害的严重性。

(2)出示一组与前组对比的图片，使心灵产生震颤，促使思考。

①由于自然资源长期以来遭到人类毁灭性地破坏，生态严重失衡。地质灾害是自然对人类的报复，但自然对人类的报复远不止于此。

②造成此种状况的原因是什么呢？我们在生活中应该如何做呢？

4. 学生讨论：生活与环保

交流总结，如：

(1)节约用水——随时关紧水龙头，别让水空流；

(2) 一水多用——让水重复使用；

(3) 阻止滴漏——检查维修水龙头；

(4) 慎用清洁剂——尽量用肥皂，减少水污染；

(5) 支持绿色照明——人人都用节能灯；

(6) 节约用电——为减缓全球变暖出把力；

(7) 做"公交族"——以乘坐公共交通工具为荣；

(8) 当"自行车英雄"——保护大气，始于足下。

5. 布置作业

(1) 以"环保"为话题，写一篇 500 字左右的文章。

(2) 制作一份"保护家园，从我做起"的倡议书，课后向本地区中小学生发放。

【板书设计】

标题：善待家园

导语：一组数字警示我们，中国已成为世界上地质灾害最严重的国家之一。

主体：从不同的角度说明中国地质灾害的情况。

结语：呼吁大家，善待家园。

初中环境教育学科同步渗透教学设计

数学

Shuxue

08　用字母表示数

（人教版初中数学七年级上册）

曾德良

【教学设计背景及学情分析】

这是人教版初中数学七年级上册《用字母表示数》的第一课时。用字母表示数，对学生来说比较抽象，在学生的思维过程中，从用具体的数和运算符号组成的式子过渡到用字母和含有字母的式子，是从个别上升到一般的抽象化过程。学生在学习中大量接触的是有关具体的数的认识和运算，对字母表示数虽有一些生活经验和接触，但对字母表示数的意义并不理解。基于学生已有的学习生活经验，本课力图让学生理解数学模型，从而体验数学学习的乐趣。这节课的设计有几点思考：《用字母表示数》的知识对今后的学习有着极为重要的作用；它不但对后面的数学学习有着重要意义，而且在实际生活中有着广泛的应用。这一课的教学渗透着"转化"思想，遵循主体性原则，通过教学引导学生进行观察、比较和分析，概括用字母表示数的规律，然后运用字母表示常见的数量关系。七年级的学生思维活跃，已经具备了一定的抽象分析问题的能力，通过对生活中丰富多彩的示例的认识，培养学生尊重科学、热爱生活的精神，在现实生活中能应用这些知识解决实际问题，培养学生的环保意识。

【环境教育渗透点】

H4 节能技术与措施。

【教学目标】

(1)在具体情境中理解用字母表示数的意义，初步掌握用字母表示数的方法，会用含有字母的式子表示数量，学会含有字母的乘法算式的简写、略写方法。

(2)初步学会根据字母所取值，求含有字母的算式的值。在探索用字母表示数的过程中，建立字母算式的模型，充分体会用字母表示数的方法、作用和优越性。

(3)在学习中感受环保的重要性，提高环保意识，养成环保行为。逐步感受符号化思想，发展抽象概括能力。

【教学重点】

本课的教学重点是用含字母的式子来表示数和数量关系。

【教学难点】

本课的教学难点是理解用含字母的式子来表示数和数量关系的意义。

【教学准备】

老师和学生收集生活中用字母表示数量及数量关系的式子,思考这些式子与具体的数之间有什么样的联系。

【教学过程】

1. 迁移引入、揭示新课

老师:你知道我们的母亲河指哪条河吗?你去过黄河三角洲吗?你知道那里有什么好玩的地方吗?

老师出示美丽的黄河沿河风光,让学生感受途径地方的魅力,最后出示黄河三角洲的图片。

设计意图:让学生观看图片,感受母亲河——黄河的美丽;出示黄河三角洲图片,让学生感受其雄伟壮观,同时通过与上游的绿草地、肥沃土地的对比,使学生体会黄河三角洲的形成主要是由上游的乱砍滥伐形成的,使学生知道植树造林的重要性,培养学生的环保意识。

老师:同学们的知识真丰富,数学上也经常用到字母,今天我们就来研究这个问题。

设计意图:通过教师与学生的谈话与交流,唤起学生的激情和学习的兴趣。

2. 设疑激趣、展开新课

(1)师生互动,猜年龄。

老师:你今年几岁了?想知道老师的年龄吗?

老师:老师比××大 25 岁,我今年多少岁了?你是怎么算的?

老师:当××1 岁时,老师该多少岁呢?谁能用式子来表示?当××2 岁时,老师的岁数又该用哪个式子来表示?当××50 岁时呢?

老师引导学生观察(老师指向板书):请你仔细观察这里什么在变(年龄)?什么没变(老师明确:老师比××大 25 岁,这个数量关系始终没变)?用字母 a 来表示××的年龄,那么老师的年龄应该怎么表示?为什么要用 $a+25$ 表示?

老师:在这里字母 a 表示什么(表示××的岁数)?+25 表示什么?含有字母 a 的式子 $a+25$ 呢?

追问:$a+25$ 表示的是你们几岁时老师的年龄呢(学生:任意年龄的时候)?

$a+25$ 表示的年龄与上面这样一个一个举例子比较有什么好处呢?

比较归纳,揭示课题:用含字母的式子可以表示人的年龄、书的本数等。这就是今天这节课我们要研究的用含字母的式子表示数量。

(2)巩固新知,提高认识。

老师:节约是中华民族的传统美德,作为龙的传人,我们应该传承和发扬这种美德。我们每人节约一点儿,14 亿人累计起来就是一个庞大的数字。请你思考回答下列问题。

当 n = 14 亿时，共节约_____。如果一个人每天消耗 1000 克粮食，这些粮食可以供_____人食用一天。

设计意图：体会节约给我们带来的财富，增强节约意识，提高节约的自觉性。

3．运用知识，解决问题

(1)通过用字母表示数的方法，解决第一单元《黄河掠影》的信息窗一，以小组为单位完成(出示情景图)，你能提出什么数学问题？

老师：你能用一个式子简明地表示出任何年份造地的面积吗？

教师引导小结：这时候就出现了用字母表示数，通常用 t 表示时间，t 年的造地面积表示为 $t×25$，可以写作 $25t$。

(2)t 年后，黄河三角洲的面积约是多少平方千米？

引导学生分析：现在的面积(原来的)+新造地的面积(增加的面积)，即：$5450+25t$。

求值：当 t = 8 时，黄河三角洲的面积约是多少平方千米？学生试着解答。

全班订正 (强调不写单位名称)。

老师：今天我们上了一节与字母有关的数学课，生活中你见到用字母表示过什么吗？学生举例、交流。

4．全课完善建构

(1)老师：通过刚才的学习，我们知道用含字母的式子，还可以表示生活中许许多多的数量，那么用含字母的式子表示数量有什么好处？又有什么需要注意的呢？

请一名学生说一说。

(2)省略乘号，写出下面各式：

①$a×x$；②$x×x$；③$5×a$；④$x×3$；⑤$a×b$；⑥$a×8$；⑦$b×b$；⑧$a×1$。

(3)完成课本第 4 页第 3～5 题。

5．灵活运用，拓展延伸

学校体育组买了 a 个羽毛球，每个 3 元，买了 20 个排球，每个 b 元。下面式子分别表示什么意思，和小组内的同学相互说一说：①$3a$；②$20b$；③$a-20$；④$20b-3a$；⑤$3a+20b$。

6．课堂小结，自我评价

老师：这节课我们学了用字母和含有字母的式子表示数。如果让你为自己今天的表现打分，你想给自己打多少分？

【板书设计】

××的岁数	老师的岁数
12+25	
1+25	
2+25	
50+25	

每人每天节约 50 克粮食	人数（人）	共节约粮食（克）
50	1	
50	2	
50	10	
50	100	
50	200	
50	10000	
50	n	

09　课题学习——从数据谈节水

（人教版初中数学七年级下册）

宋世平　钟敏　黄显强

【教学设计背景及学情分析】

本课具有一定的综合性和活动性，活动的主题是与生态环境有关的节水问题，也是学生熟悉和感兴趣的，希望学生能根据资料和统计调查所得的结果来谈有关节水的问题，让学生再次感受统计可以帮助我们更详细地了解世界，为我们制定决策提供依据。

【环境教育渗透点】

A4 节水技术与措施。

【教学目标】

根据学习内容、新课程理念和认知水平，特制定如下目标。

(1)知识与技能：进一步巩固处理数据的基本步骤和方法，能灵活选用统计图对具体问题的数据进行清晰、有效地描述，获取有用信息，并做出合理决策。

(2)过程与方法：让学生亲身经历独立思考、动手操作、团结合作、互相交流的学习过程，积累数学活动的经验，学会合理处理信息，培养数学应用意识。

(3)情感与态度：使学生感受统计在生产生活中的作用，培养学生的数感，使学生乐于接触社会环境中的数学信息，培养学生的节水及环保意识。

【教学重点】

本课的教学重点是学会收集、分析数据，画出统计图，从中得出结论，并能针对有关问题，给出解决办法。

【教学难点】

本课的教学难点是找到合理解决缺水问题的办法。

【教学准备】

本课在多媒体教室进行。学生在课前收集有关水资源的资料，准备直尺、铅笔、圆规、量角器等作图工具。

【教学过程】

1. 创设情境，引入新课

教师播放视频，向学生介绍目前全球的缺水形势和自贡属于全国严重缺水城市。学生观看、思考。

设计意图：通过介绍，使学生对水资源产生危机感，从而激发学生研究节水的兴趣。

2. 合作探究

阅读教材第 154 页的资料，通过小组合作，按以下步骤回答第 154 页的问题。

(1)阅读资料，从中收集与问题相关的数据。

(2)画统计图描述数据。

(3)根据统计图回答相关问题。

学生阅读资料后分组讨论，从资料中收集第 154 页的问题有关数据，最后各组选派代表参与全班交流。

教师组织学生分组讨论，并参与各组讨论，最后引导学生统一数据。

设计意图：通过阅读资料、收集数据，培养学生从资料中获取数据信息的能力和习惯。让学生在独立思考的基础上，参与对数学问题的讨论，锻炼学生的表达能力，培养学生的合作意识。让学生根据统计图回答问题，培养学生从统计图中获取信息的能力。

3. 归纳总结

(1)通过这节课的学习，大家获得了哪些统计活动知识?

(2)让学生明白节约水资源带来的价值。

(3)针对节水问题，让学生谈谈想法。

教师提出问题，学生讨论。

在分组讨论中，教师应让学生充分发表自己的见解，教师用鼓励、赞美的语言进行评价。

设计意图：通过小结，强化学生的节水意识，加强学生对各种统计图特征的理解。

4. 布置作业

阅读教材第 153 页的资料，从中收集数据，画出统计图，并回答问题。

(1)简述 2000 年全世界淡水资源利用情况。

(2)如果我国的农田全部采用节水灌溉技术，每年至少可节约多少淡水资源?

(3)你觉得解决我国水资源短缺问题的关键是什么?

【板书设计】

课题： 一、 二、 三、	节水措施： 一、 二、 三、

10　可怕的白色污染

（人教版初中数学七年级下册）

江桃英

【教学设计背景及学情分析】

本节课是人教版初中数学七年级下册第十章《数据的收集、整理与描述》的第一课时。学生在小学学习了统计知识以及收集数据的一些基本方法,在此基础上进一步学习如何整理数据,并用统计图表直观形象地描述数据,从中发现数据蕴含的规律,获取我们需要的信息。通过调查、计算、讨论,经历数据收集、整理过程,巩固统计基础知识,培养数感;白色垃圾的污染在我们生活中随处可见,学生通过收集真实的数据,结合自然知识的渗透,认识白色污染的严重危害,树立保护环境的意识。

教师应充分利用网络资源,改变学与教的方式,提高学生的信息素养。本课关于可持续发展和生态环境保护的知识点的渗透,有利于培养学生对数据收集、整理、分析、描述的能力;发展学生的社会实践能力、观察思考能力和自主探究的创造意识。

七年级学生的学习思维敏捷,乐于接受新知识,课堂表现较为活跃,自主学习的能力随之提高,认知能力、理解能力、分析能力、逻辑思维能力也在不断增强。他们具有一定的收集、分析和处理资料的能力,但看待问题还不够全面,同时需要通过归纳、概括等方式提升自己。

针对学生的学情,本课设计突出学生的主体地位,体现学生是学习的主人,教师则通过课前预设,以材料(图片、数据等)为辅助,以问题做引导,通过讨论、探究等形式,突破本课的重难点。

【环境教育渗透点】

C4　家庭和学校的有害废物、塑料等。

【教学目标】

1. 识记与理解

(1)学会记录数据的表示方法;

(2)了解调查方式的类型;

(3)掌握数据收集的步骤、常用方法及条形统计图的特点。

2. 能力与方法

(1)通过分析对比数据、图表,培养学生处理数据的能力。

(2)初步学会运用相关材料分析数学与现实问题,培养对数学的认识理解力。

(3)初步培养学生在现代文明社会的框架下,应用可持续发展观、环保生态观去进行数学分析的能力。

　　3. 情感态度与价值观

　　(1)通过学习我国社会主义现代化建设的成就，增强学生环境保护的意识。

　　(2)通过学习我国努力促进经济与人口、资源、环境的协调发展，使学生树立运用可持续发展理念保护环境、建设家乡，同时争做环境小卫士的意识。

【教学重点】

　　(1)数据的收集、整理、分析及条形统计图的特点。

　　(2)对环境生态意识的培养。

【教学难点】

　　(1)对学生分析数据及处理数据的能力进行培养。

　　(2)数学在环境、生态方面的渗透，可以树立学生建立科学的环保意识，使学生积极主动地进行宣传，争做环境小卫士。

【教学准备】

　　教师：准备白色污染的相关资料(包括白色污染的概念和危害)、图片，制作课件。

　　学生：利用课余时间收集关于白色污染的资料，记录生活中会产生白色污染的不良行为。

【教学过程】

　　1. 创设情境，引入新课

　　(1)课前调查：您认为白色污染是( )。

　　(A)一次性塑料废物

　　(B)任何材料的一次性消费品的难降解废弃物

　　(C)在城市市容环境中的污染

　　(2)您是否了解"限塑令"？( )

　　(A)了解　　　(B)不了解

　　结论：我们对白色污染的了解还不够，需要大力进行这方面知识的宣传。由小见大，我们对环境污染这个全球性问题了解不足，何谈去保护环境。

　　(3)课前预习——白色污染及危害。教师通过多媒体教学网监控系统向学生展示一些实地拍摄的照片，并提问：同学们，看完这些照片以后，你想到了什么？

　　(4)自主查阅资料，完成填空。

　　①白色污染：指由农用薄膜，包装用塑料膜、塑料袋和一次性塑料餐具(以上统称塑料包装物)的丢弃所造成的环境污染。由于废旧塑料包装物大多呈白色，因此称为白色污染。

　　②白色污染的危害：白色污染的主要危害在于视觉污染和潜在危害。

视觉污染：在城市、旅游区、水体和道路旁散落的废旧塑料包装物给人们的视觉带来不良刺激，影响城市、风景点的整体美感，破坏市容，由此造成视觉污染。

潜在危害：废旧塑料包装物进入环境后，由于其很难降解，造成长期、深层次的生态环境问题。①废旧塑料包装物混在土壤中，影响农作物吸收养分和水分，导致农作物减产；②抛弃在陆地或水体中的废旧塑料包装物被动物当作食物吞入，导致动物死亡(在动物园、牧区和海洋中，此类情况已屡见不鲜)；③混入生活垃圾中的废旧塑料包装物很难处理，填埋处理将会长期占用土地，混有塑料的生活垃圾不适用于堆肥处理，分拣出来的废塑料也因无法保证质量而很难被回收利用。

人们反映强烈的主要是视觉污染问题，而对于废旧塑料包装物长期、深层次的潜在危害，大多数人还缺乏认识。

设计意图：通过对白色污染的认识，让学生树立正确的环保观念，争做环境守护者，共同建设美好的家园。

2. 师生互动，合作学习

(1)学生汇报感想，教师根据回答情况做适当的点评，渗透有关环境知识，引出课题——白色污染(板书)，同时提出要和学生合作完成一篇有关白色污染的调查报告。

(2)过渡：要使这篇调查报告更有说服力，必须从身边的实际入手，了解我们周围的白色污染情况。

(3)教师角色转换为记者，创设一种轻松、和谐、平等的课堂氛围。为了使调查报告的数据资料更加丰富，咱们再来进行一组数据计算。教师现场采访学生家庭使用塑料袋的情况。让同学们调查家里每天塑料袋的使用情况，根据调查的结果，以小组为单位，认真填写统计表(表10-1)，并把它绘制成条形统计图(出示课件)。

表 10-1　＿＿＿＿年＿＿＿＿＿＿小组家庭使用塑料袋情况统计表

小组成员	家庭一天使用塑料袋数量/个

(4)学生根据课前填写的调查(表10-1)，在线绘制统计图(课件)。教师及时点评学生的作品，进行展示。

设计意图：体现学生自主探究与合作的能力，充分发挥其主体作用。

(5)学生组内讨论：根据自己制作的条形统计图，可以提出哪些相关的数学问题？

设计意图：渗透数学知识，知识中体现环保意识。

(6)复习有关统计知识，自然地引出求平均数的问题(板书)。

(7)独立计算小组成员家庭平均一天用掉的塑料袋个数，并汇报。

过渡：单纯的数据还不够形象、直观，你们有什么方法来进一步说明白色污染的可怕？

学习目标如下。

①学生组内讨论，拿出一种方案(可以从面积、高度和重量等多角度去思考)，并汇报。

②学生运用所学的统计知识，独立制作对比统计图，进一步认识白色污染的危害。

③过渡：面对如此严峻的形势，我们该怎么办(引出白色污染的治理)？

④浏览"聚焦环保"网站，查找有关白色污染治理方面的资料。

⑤学生汇报、交流治理白色污染的方法，教师及时进行德育渗透，强化学生的环保意识。

设计意图：通过自身计算，体验数学过程，通过对数据的整理、分析，逐步认识污染的危害，计算得出的数据庞大，可体现污染的"可怕"。

(8)根据学生计算的情况，选择一组学生的计算结果板书。

思考：你们觉得目前塑料袋的用量是不是微不足道的?

问题：你能通过计算让同学们认识到这样的用量并不是可以忽略，而是十分可观甚至可能是特别巨大的吗？可以在小组内讨论交流。

得出结论：

①求出全校平均每天使用塑料袋的个数；

②求出全校一个星期使用塑料袋的个数；

③求出全校一个月和一年使用塑料袋的个数。

请同学们以小组为单位，通过计算器计算结果，认真填写统计表(表 10-2)。

表 10-2　绿盛实验学校全校学生家庭使用塑料袋情况统计表

项目	一天	一个星期(7 天)	一个月(30 天)	一年(365 天)
数量/个				

学生操作，教师巡视。

问题：哪个小组的同学来说说你们的计算结果?

组 1：全校一天用掉 6720 个塑料袋，一个星期用掉 47040 个塑料袋，一个月用掉 201600 个塑料袋，一年用掉 2452800 个塑料袋。

问题：能说说全校一年用掉的塑料袋是怎么算出来的吗?

组 2：用 6720 乘以 365 等于 2452800。

问题：这个结果你们同意吗?

问题：刚才 2 组同学快速回答了一年全校用掉的塑料袋数量是怎么得出来的，从一天一个家庭用掉 5 个塑料袋，到学校一年用掉 2452800 个塑料袋，从不起眼到巨大，此时此刻的你有什么感受?

学生回答："惊讶，可怕""积少成多的力量实在是吓人""看来我们要注意如何更好地使用塑料袋"。

思考：那我们今天要写的这篇调查报告的题目就再给它加个词，加上什么好呢?

学生一起回答"可怕"(老师板书"可怕"二字，并用红色粉笔)。

问题：你们猜想一下，人们一般是怎么处理这些塑料袋的呢?

学生回答："扔掉""如果是比较干净的塑料袋，就可以再次使用"。

小结：同学们，如果我们学校的每个家庭都把用过的塑料袋扔掉，那你有什么办法来进一步说明塑料袋污染的严重性，给你们一分钟时间在小组内交流、讨论。

学生讨论，教师巡视。

设计意图：再次凸显白色污染的可怕、严重性，升华课题。

问题：哪个小组的代表来说说。

组1：可以把这些塑料袋连起来看看有多长？

组2：可以把这些塑料袋叠在一起看看有多高？

组3：也可以把这些塑料袋称一称有多重？

组4：把这些塑料袋铺在地面上看看能有多大？

组5：可以算一算这些塑料袋将可能破坏多少土壤？

小结：同学们太棒了，一下子就能想出这么多的法子，可以看得出同学们的课前预习工作做得非常好。那我们现在就选其中的三种来分析一下。

游戏环节如下。

猜猜：如果把这些塑料袋连起来有多长？叠起来有多厚？铺开的面积有多大？

组1：连起来可能有245280米。

问题：从泉港到福州大约有150千米，比这段距离还要长吗？

组1：还要长很多。

问题：那叠起来可能有多厚呢？谁来猜猜？

组2：叠起来可能有735米，比我们身边的许多建筑还高呢。

问题：铺开的面积可能是多大呢？

组3：可能有几个操场那么大。

小结：同学们刚才的猜测到底准不准，到底这2452800个塑料袋连起来有多长？叠起来有多厚？铺开的面积有多大呢？还是让我们通过计算来证明。

证明猜想如下。

老师：现在各小组不妨任选一种，如面积、长度、高度，材料已经在你们各自的桌面上了，请组长一定要分工好。

学生操作，教师巡视指导。

设计意图：学生通过自己亲身体验、探究、合作完成，得出数据的真实性、客观性，也可直观反映数据的操作性，进而得出数据的可怕性。

问题：哪组同学来说说你们组的计算结果。

组4：连起来有490560米长。

思考：你们是怎么算的？

组5：除去提的部分不计，中间部分一个大约有20厘米，用2452800乘以20，再改写成用米作单位。

问题：其他小组有计算高度的吗？

组6：我们先量出一百个塑料袋的高度，然后再进行计算，得出的结果大约是735米，比我们身边最高的建筑物还要高出许多。

问题：还有吗？

组4补充：我们组经过计算得出，这些塑料袋铺开的面积大约有981120000平方厘米。

问题：那我们一起来算一下981120000平方厘米大约有多大？

981120000平方厘米等于98112平方米，约等于9.8公顷。如果我们的学校都铺上了塑料袋，那会是怎么的一种情景呢？

组1：那我们将不能在操场上做操、升国旗，还有踢足球。

组2：我们美丽的校园将不再美丽。

小结：通过同学们刚才的计算，让我们大家都感到非常震撼，为了让这个白色污染的可怕更加形象，我们一起来看一组图片（出示课件，点击面积就可以看到在学校的土地上铺塑料袋的情形，点击高度就可以看到条形统计图）。

问题：同学们，既然白色污染这么可怕，你认为自己今后会怎么做呢？你有什么好的处理方法与建议想对大家说说吗？

组内交流、讨论。

组1：尽量少用塑料袋，它虽然方便，但是也给我们的生活环境造成了极大的污染。

点赞：看得出你的环保意识很强啊！

组2：我们可以生产一种替代塑料袋的物品，这样也可以减少污染。

组3：我们不要乱扔垃圾袋。

小结：增强环保意识，树立绿色理念。

学生活动：学生独立完成调查表二（导学案）。

结论：结合计算出的数据，教师引导学生说出内心的真实感受：白色污染确实十分可怕，板书"可怕的"，明确调查报告的主题是为了让人们认识白色污染的可怕。

本次课程可引导学生走进现实生活，激发交际欲望；让学生勇于参加实践，乐于参加讨论；提高学生多方面的素养；创设交际情境，搭建互动平台；让学生倾心交流、合作互动、共同发展。

3．课堂小结：学生分享本节课的收获、感悟

同学们运用填表、制图等统计方法，从数学的角度认识白色污染的可怕。生活中处处有数学，大家要善于用所学的数学知识去认识和解决实际问题，才能真正成为一名优秀的记者。

4．拓展延伸

(1)对于普及环保购物袋，你有什么建议和意见？

(2)利用学到的环保知识，你怎样劝说身边的人不使用一次性塑料餐具、塑料袋等塑料制品。

5．课后作业

(1)根据这节课收集的有关数据资料，以及课后运用统计方法收集的其他数据，完成一篇有关白色污染的调查报告。

(2)画一幅漫画。

(3)写一份倡议书。

【板书设计】

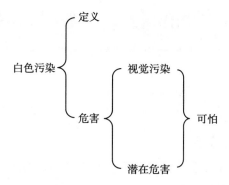

11 数据的收集、整理与描述

（人教版初中数学七年级下册）

江云芬 刘艳

【教学设计背景及学情分析】

由于环境原因，许多城市都已实行限量供水。然而，如何做才能真正节约水呢？能节约多少水？可以减少家庭多少水费的支出？让学生通过调查，了解家中用水的情况，并对采取节水措施前后用水量变化进行分析，利用已有的数学知识进行统计和有关计算。通过讨论，找出解决问题的方法。最后，和家人一起制订一套适合的家庭节水方案。

【环境教育渗透点】

A4 节水技术与措施。

【教学目标】

(1) 了解全面调查的概念。

(2) 会设计简单的调查问卷，收集数据。

(3) 掌握划记法，会用表格整理数据。

(4) 会画扇形统计图，能用统计图描述数据。

(5) 经历统计调查的一般过程，体验统计与生活的关系。

【教学重点】

本课的教学重点是让学生了解全面调查的过程，包括数据的收集、整理、描述。

【教学难点】

本课的教学难点是绘制扇形统计图。

【教学准备】

学生统计自家的人口以及平均每个月交的水费。

【教学过程】

一、问题情境引入（提前布置：向家人了解家庭用水情况）

(1) 你家几口人？一个月用多少吨水？交多少水费？

(2) 为什么每个家庭月用水量不一样？

(3) 为什么要节约用水？怎样才能做到节约用水？

二、展开探究，自主学习

1. 设计研究方案

(1) 收集、整理需要研究的问题(减少家庭用水)。

(2) 共同制定研究问题的方案。

① 通过讨论，拟订家庭节水措施：

a. 刷牙时关上水龙头；

b. 在淋浴中，涂肥皂时关上水；

c. 安装(或改造成)节水马桶；

d. 淘米洗菜用过的水再利用；

e. 集中待洗的衣服，一起用洗衣机清洗，清洗衣服后的水再利用；

f. 随时关紧水龙头，安装节水龙头。

② 收集数据——设计调查问卷如下。

问卷调查
年　月　日
家里有____人，平均每个月的用水量是____吨，交水费____元
节水后平均每个月用水量____吨，交水费____元。
填完后，请将问卷交给数学课代表。

③ 整理数据——整理统计表。

④ 描述数据——制作条形统计图、扇形统计图。

(3) 计算：节水前后家中用水量的变化。如果水费价格为 1.11 元/吨，你们家一月可节约水费多少元？一年可节约水费多少元？将计算结果告诉父母及同学。

(4) 分析数据。

(5) 得出结论：采取节水措施后，减少了家庭用水。

2. 了解水资源现状，进一步提高节约用水的意识

老师介绍我国各大城市水资源现状及马鞍山市城市居民用水的来源。

(1) 讨论：

① 地球是个"水球"，有 70% 的水域面积，为什么说可供人类饮用的水十分有限；

② 人类的活动对自然界水域的水质有哪些影响；

③ 了解马鞍山市水价调整情况，国家有关水的政策、法令等资料。

(2) 思考下面的问题。

了解了水资源的现状后，你有什么打算？

如果是从我做起，你能做些什么？

三、实践应用，深化拓展

(1)制订家庭节水方案：根据实际情况，和家人一起制订一套适合的家庭节水方案。

(2)集体交流：在全班交流各自的节水措施及活动体会。

(3)综合分析，达成共识，再次制订适合多数家庭的节水措施。向全校师生发出实施家庭节水的倡议，并将倡议书张贴在社区，号召更多的家庭节约用水。

(4)辅导学生将活动中的感悟撰写成科学小论文或调查报告。

(5)表扬节水活动中做得好的学生及家庭，相互交流经验，鼓励大家坚持下去。

(6)制订新一轮的研究计划。

小结：

①通过学习，初步掌握节约用水的方法，知道节约用水不仅可以减少家庭开支，更重要的是节约资源；

②通过学习，学会收集整理资料；

③增强了学生节约用水的意识和主动参与意识，"保护环境，从我做起"。

【板书设计】

数据的统计表　　　条形统计图　　　节约用水的好处
　　　　　　　　　　扇形统计图　　　　练习

12　一次函数在实际问题中的应用

宋世平　熊正霞　潘顺兰

【教学设计背景及学情分析】

本课是人教版初中数学八年级下册第十九章《一次函数》中的最后一部分内容。安排该课程是为了进一步提高学生的实践意识和综合应用数学知识的能力。这节课讨论的问题具有更强的实际背景，从生活入手，让学生掌握从一般到特殊、从特殊到一般的思想，把实际问题合理地抽象处理为一次函数的图像，并解决问题。

【环境教育渗透点】

(1)学科知识点：一次函数。

(2)环境教育渗透点：A4 节水技术与措施；K1 生态文明。

【教学目标】

1. 知识目标

进一步巩固一次函数知识，能建立一次函数模型来刻画实际问题中变量的关系。结合对函数关系的分析，尝试对变量的变化规律进行初步预测。

2. 能力目标

通过把实际问题中相关变量的对应数据用直角坐标系中的点表示，对这些点所对应的图形进行观察，建立函数模型，对变量的变化规律进行初步预测等实践活动，培养学生分析问题、解决问题的能力。

3. 思想目标

通过对实际问题的分析，让学生初步认识、体会数学和社会、生活的联系，同时渗透以环境保护为背景的问题，激发学生热爱生活、热爱社会环境保护事业、决心为实现和谐社会而学好数学的思想；同时，通过理论联系实际的方式及知识的应用，培养学生热心环境保护和节约资源的思想，使学生树立从小事做起，从自我做起，养成良好的节约用水的习惯。

【教学重点】

本课的教学重点是把实际问题转化为具体的数学模型，掌握分段函数的解题方法和表达方式。

【教学难点】

(1)如何从繁多的文字中找到要用的已知条件；

(2)分段函数涉及的几种函数；

(3)分段函数的表达方式和自变量的取值范围。

【教学准备】

(1)老师：教学 PPT（由 Microsoft Office PowerPoint 软件制作的演示文稿）、导学案。

(2)学生：课下收集环保的案例及家庭中为环保所做的具体事例等。

【教学过程】

一、新课导入（合作探究）

(1)教师利用课件展示干旱土地开裂的情形，包括秧田干涸及自贡地区某年干旱缺水由市政府送水的图片。

设计意图：让学生进入意境，引起学生的共鸣。

(2)教师提问：大家还知道哪些严峻的环境事件。

(3)引入自贡地区的一个案例，在很熟悉的情境下进入今天的教学重点——分段函数。

采用 PPT 展示例 1。我国是世界上严重缺水的国家之一，为了增强居民的节水意识，自贡市自来水公司对居民用水采用以户为单位分段计费办法收费，即一月用水 10 吨以内（包括 10 吨）的用户，每吨收取水费 a 元；一月用水超过 10 吨的用户，10 吨水仍按每吨 a 元水费收取，超过的部分按每吨 b 元（$b>a$）收费。设一户居民月用水 y 元，y 与 x 之间的函数关系如图 12-1 所示。

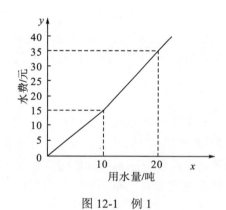

图 12-1 例 1

①求 a 的值，若某户居民上月用水 8 吨，应收水费多少元？

②求 b 的值，并写出当 x 大于 10 时，y 与 x 之间的函数关系式。

③已知居民甲上月比居民乙多用水 4 吨，两家共收水费 46 元，求他们上月分别用水多少吨？

解：(1)当 $x \leqslant 10$ 时，有 $y = ax$，将 $x = 10$、$y = 15$ 代入，得 $a = 1.5$，用 8 吨水应收水

费 $8 \times 1.5 = 12$（元）。(2)当 $x > 10$ 时，$y = b(x-10)+15$，将 $x=20$、$y=35$ 代入，得 $35=10b+15$，$b=2$，当 $x>10$ 时，$y=2x-5$。(3) $1.5 \times 10 + 1.5 \times 10 + 2.4 < 46$，所以甲、乙两家上月用水均超过 10 吨，设甲、乙两家上月用水分别为 x 吨，y 吨，则

$$\begin{cases} y = x - 4 \\ 2y - 5 + 2x - 5 = 46 \end{cases}$$

解方程，得 $x=16$，$y=12$。故居民甲上月用水 16 吨，居民乙上月用水 12 吨。

(4)学生利用导学案在投影仪上展示自己的解题思路和解题过程。

(5)教师点评，加以指导，指出注意事项：

①如何从繁多的文字题目中找到有用的已知条件；

②看图，读懂图，剖析图，把文字与图利用数形结合的思想结合起来，找到解题思路；

③根据分段函数的特点设相应的未知数，突出重点，并能判断自变量的取值范围；

④利用分类讨论思想解答本题；

⑤反思解题过程，交流解题思路，并由教师点评和指导。

二、小组合作解决，并上台展演

(1)展示 PPT，播放沙尘暴的短视频和相应的沙尘暴图片，以及栽种绿植后的图片。

设计意图：给学生一个比较直观的沙尘暴危害的视觉冲击，让学生有保护环境的意识，并自发爱护环境，同时带动家人及好友保护环境。

(2)设计意图：通过一道例题直观了解关于沙尘暴的一些特征，并把本课重点——分段函数引出来。

采用 PPT 展示例 2。某气象研究中心观测一场沙尘暴从发生到结束的全过程，开始时风速平均每小时增加 2 千米，4 小时后，沙尘暴经过开阔荒漠地，风速变为平均每小时增加 4 千米。一段时间后，风速保持在 32 千米/小时。当沙尘暴遇到绿色植被区时，其风速平均每小时降低 1 千米。第 40 小时时，测得风速为 17 千米/小时，结合风速及时间的关系图(图 12-2)，回答下列问题。

①在 y 轴括号内填入相应的数值。

②沙尘暴从发生到结束，共经过多少小时？

③求当 $x \geq 25$ 时，风速 y 与时间 x 之间的函数关系式。

④若风速达到或超过 20 千米/小时，称为强沙尘暴，则强沙尘暴持续多少时间？

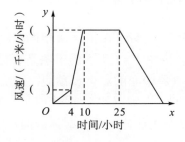

图 12-2　例 2

教学过程如下。

（1）引导学生按照第一题的解题步骤寻找已知条件，并找到等量关系，写出函数解析式。

（2）学生以小组形式进行讨论。

（3）提醒学生注意本条分段函数中与 x 轴平行的这一条函数的具体含义并能正确表达它。

（4）学生利用导学案在投影仪上讲解。

（5）教师和学生共同点评，并给予相应的分值。

（6）提问学生：还知道哪些沙尘暴的知识，并给予知识链接如下。

沙尘暴防治措施主要有五点。

（1）加强环境的保护，把环境保护提到法制的高度上来。

（2）恢复植被，加强建设防止沙尘暴的生物防护体系。依法保护和恢复林草植被，防止土地沙化进一步扩大，尽可能减少沙尘源地。

（3）因地制宜制订防灾、抗灾、救灾规划，积极推广各种减灾技术，并建设一批示范工程，以点带面逐步推广，进一步完善区域综合防御体系。

（4）控制人口增长，减轻人为因素对土地的压力，保护好环境。

（5）加强沙尘暴的发生、危害与人类活动关系的科普宣传，使人们认识到所生活的环境一旦被破坏，就很难恢复。环境破坏不仅加剧沙尘暴等自然灾害，还会形成恶性循坏，所以人们要自觉地保护生态环境。

三、课堂小结：

学生分享本节课的收获。

四、课后拓展

采用 PPT 展示例 3。2008 年 5 月 12 日 14 时 28 分，四川汶川发生里氏 8.0 级地震，某市接到上级通知，立即派出甲、乙两个抗震救灾小组乘车沿同一路线赶赴距出发点 480 千米的灾区，乙组由于要携带一些救灾物资，比甲组迟出发 1.25 小时（从甲组出发时开始计时），如图 12-3 所示，请根据图 12-3 所提供的信息，解决下列问题：

（1）由于汽车发生故障，甲组在途中停留了_____小时。

（2）甲组的汽车排除故障后，立即提速赶往灾区，请问甲组的汽车在排除故障时，距出发点的路程是多少千米？

（3）为了保证及时联络，甲、乙两组在第一次相遇时约定此后两车之间的距离不超过 25 千米，请通过计算说明，按图 12-3 所示的走法是否符合约定。

采用 PPT 展示例 4。据某气象中心的观察和预测：发生于 M 地的沙尘暴一直向正南方向移动，其移动速度 v 与时间 t 的函数如图 12-4 所示。假设以 OC 上一点 $(t',0)$ 作 AB 的垂线 l，梯形 $OABC$ 在直线 l 左侧部分的面积即为时间 t'（小时）内沙尘暴所经过的路程 s（千米）。

（1）当 $t'=4$ 时，求 s；

(2)将 s 随 t 变化的规律用数学关系式表示出来；

(3)若 N 城位于 M 地正南方向，且距 M 地 650 千米，试判断这场沙尘暴是否会侵袭到 N 城？如果会，在沙尘暴发生后多长时间它将侵袭到 N 城？如果不会，请说明理由。

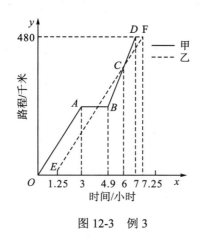
图 12-3　例 3

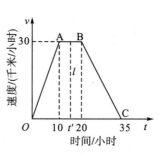
图 12-4　例 4

设计意图：①让学生再进一步使用本节课所学解题方法，加强练习；②对于题型的选择适当加大难度，由常规题型转变成有一定灵活性的实际应用题。

五、课后反思

对于文字较多的题，分析题目并从中找出已知条件是个难点，学生掌握会很吃力，需要利用数形结合思想，找出等量关系和解决方法，主要应注意以下问题。

(1)抓不准解题突破口。

(2)已知条件挖掘不够，找到后也不会转化为相应的数学模型，不能分析出是哪些函数的组合；学生在做这类题时，可能还会存在分析问题时思路不同、解决途径也可能不同的情况，因此部分学生可能认为存在错误。作为教师，应鼓励学生拓展思路，只要思路正确，都是正确的，让学生选择合理的思路，使得解决方法尽可能简单明了。

(3)学生在学习过程中可能不重视审题，而习惯于套题型，找解题模式。

(4)待定系数法的掌握和使用很重要。

(5)怎样辨别分段函数和一次函数，尤其是掌握必备的解题思路。对于数形结合思想的使用要得体。注意不要遗漏自变量取值范围。

(6)如何从繁杂的文字题中抽象出函数模型，需要学生多练、多思、多问。

【板书设计】

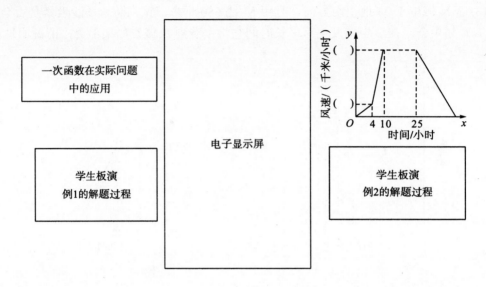

13　函数与实际问题

（人教版初中数学九年级下册）

梁钧　华咏晗　刘祖彬

【教学设计背景及学情分析】

　　学生不但要具备良好的环保意识，也要具有运用所学知识治理环境污染的能力。本节课，老师和学生共同探讨如何用所学的知识解决有关环境问题。

【环境教育渗透点】

　　E4 植树与绿化；A3 水污染与治理；C5 为减少固体废物你可以采取的行动。

【教学目标】

　　(1)使学生进一步掌握数学知识的运用，了解环境问题的危害。

　　(2)通过本节课的学习，培养学生用所学知识来分析问题和解决问题的能力。

　　(3)培养学生的环境保护意识和自觉性。

【教学重点】

　　本课的教学重点是用数学知识解决实际问题，渗透环保思想。

【教学难点】

　　本课的教学难点是启发学生建立数学模型。

【教学准备】

　　课前，老师准备：

　　(1)土地沙化小视频；

　　(2)相应的函数知识思维导图；

　　(3)作图用具。

【教学过程】

　　1. 引入

　　老师用多媒体演示某地区土地逐渐被沙化的过程，引出例1。

　　2. 新授

　　例1：某地区1998年底沙漠面积为95万公顷，为了解该地区沙漠面积的变化情况，对其进行连续 5 年的观测，并将每年的观测结果记录如表 13-1 所示。

表 13-1　某地区沙漠面积与年变化情况

观测时间	沙漠增加面积/万公顷
1999 年底	0.2000
2000 年底	0.4000
2001 年底	0.6001
2002 年底	0.7999
2003 年底	1.0001

试根据表 13-1 所给的信息进行预测：

(1)沙漠年增加面积与年份的函数关系式；

(2)如果不采取任何措施，到 2016 年底，该地区的沙漠面积约为多少万公顷？

教师分析：若把 1999～2003 年分别记为第 1、2、3、4、5 年，则由表 13-1 所示沙漠面积年增加数 y 与年份 x 之间的关系能否用图表示呢？

学生讨论、发言（ 先描点画图，后讨论如何建立函数模型）。

解：①记 1999～2003 年分别为第 1、2、3、4、5 年，则可将沙漠面积年增加数 y 与年份 x 之间的关系近似地作图，观察得 y 与 x 的关系可近似地看成一条直线，记为 $y=kx+b$，则

$$0.2=k+b$$
$$0.4=k\times 2+b$$

解得：$k=0.2$，$b=0$。

所以：$y=0.2x$。

②代入相应的数据可求解。

设计意图:利用一次函数来表达沙漠化的进程问题，旨在渗透植树与绿化的环保问题，让学生寓学于环保，渗透环保思想于教学中。

例 2：一个造纸厂排出的污水，今年起若污水不经过处理，该厂将受环保部门的处罚，第一个月罚款 3000 元，以后每月递增 2000 元，原生产收入 $f(n)$ 是生产月份 n 的一次函数，且生产一个月总收入为 7 万元，生产三个月总收入为 21 万元，如果该厂投资 40 万元治理污水，改善生产条件，将不受罚，收入逐月增长，并且总收入 $g(n)$ 是生产月份 n 的二次函数(不含常数项)，生产一个月总收入为 10.1 万元，生产两个月总收入为 20.4 万元，问经过多少个月，投资就开始见效，即生产总收入 $g(n)$ 与投资额的差不小于生产总收入 $f(n)$ 与罚款总额的差。

教师分析：本题篇幅长，数据多，可分层分析，分段建模，各个击破。

学生讨论、发言。

答：9 个月后投资开始见效。

设计意图：实践证明，加强环境保护，才能可持续发展，但许多厂家为了赚钱，只顾眼前利益，依然我行我素，没有对其排放的污水进行治理，这时环保部门就应该对其进行

教育和处罚，使其尽快治理污水，确保生态平衡。

3．检测

为了保护环境，环保局建议某厂投资 50 万元建一个处理系统，把污染环境的废料变为有用的生产原料，如果每月用 2 万元的成本进行生产，那么生产收入（万元）与生产时间 t（月）的关系为 $20\sqrt{2t}$，问：

(1) 最少需经过几个月，生产收入与总投入基本平衡（计算结果精确到个位）？

(2) 经过几个月可获得最大利润？

4．课堂小结

(1) 环保问题是个热点问题，但在人们心中，它好像与数学无关，通过本节课的学习，我们发现环保与数学的函数、不等式等许多知识都是紧密联系的，即这些知识可解决许多环境问题。这真是"不探不知道，一探真奇妙"（用彩色粉笔把"妙"字写在黑板的中间），可见，数学与环保问题有着紧密的联系。

(2) 搜寻生活中可以利用函数知识来解决并与环保有关的问题。

【板书设计】

函数与实际问题

例 1　解：设年增长数 y 与年份 x 之间的　　　　　　分层分析，分段建模

　　　　函数关系式为：$y=kx+b$

　　　则：$0.2=k+b$　　　　　　　　　　　　妙

　　　　　　$0.4=2k+b$

　　　解得：$k=0.2$，$b=0$

　　　所以：$y=0.2x$

Yingyu

14　Why do you like pandas?

（人教版初中英语七年级下册）

刘学真　龚丽　廖显敏

【教学设计背景及学情分析】

　　人教版教材充分体现了新课改的指导思想，其对话编排几乎都是从生活实际出发，生活气息浓厚，让学生能掌握生活中基本的交流常识，培养其自主学习的能力，形成有效的学习策略，教学中的各项活动都围绕动物展开。学生运用英语简单描述自己喜欢的动物，进一步培养和激发学生热爱动物、保护动物、维护生态平衡的情怀。

　　经过一个多学期的英语学习，学生已掌握由 why、where、what 引导的特殊疑问句，具备了学习本单元知识的前提。许多动物的信息能激发其好奇心，产生了解动物的强烈欲望，有利于本课的教学和学生学习兴趣的培养。

【环境教育渗透点】

　　E5 保护野生动物。

【教学目标】

　　1. 语言知识目标

　　(1)能掌握以下单词和短语：friendly、shy、save、symbol、flag、forget、place、water、danger、cut、down、cut down、tree、kill、ivory、over。

　　(2)能掌握以下句型。

　　①What animal do you like? I like elephants.

　　② The elephants is one of Thailand's symbols.

　　③ Let's save the elephants.

　　(3)通过听力训练来掌握知识点，提高学生综合听说能力。

　　(4)通过阅读训练让学生们逐步提高英语阅读能力。

　　2. 情感态度价值观目标

　　动物和人类都生活在地球上，动物是我们的朋友。人类应该与动物和谐相处、共同生存。我们应当学会关爱动物、保护动物。爱护动物，爱护自然，就是爱护人类自己。

【教学重点】

　　(1)让学生进行听、说训练，掌握更多动物的名称及描述其特性的形容词。

　　(2)通过阅读短文来了解世界各地其他动物的情况，让学生爱护自然、保护动物。

【教学难点】

(1)进行听力训练，提高学生听对话获取相关信息的能力。

(2)进行阅读训练，培养学生的综合阅读能力。

【教学准备】

(1)老师：准备多媒体课件、导学案(视频、图片等)。

(2)学生：收集濒危动物资料。

【教学过程】

一、Warming-up and revision

(1)Greet the Ss(students) as usual.

(2)Review：a game of driving a train.

Have the students ask and answer one by one as quickly as possible.

A:What animals do you like?

B: I like …

A: Why?

B: Because thcy are … What animals do you like?

A: I like … Because they are …

设计意图：让学生对前面的重点句型进行复习，为后面开展新的学习营造英语学习氛围，调动学生的积极性。

二、Presentation

(1)Show some pictures on the big screen. Teach students some main words and expressions in the passage in 2b.

e.g. save，symbol，flag，forget，place，be in great danger，cut down，tree，kill，ivory…

(2)Ss read and understand the new words and expressions.

设计意图：学生对文章中出现的新单词和短语进行识记，为后边的文章阅读打下基础。

三、Thinking

(1)Look at the chart below. What animals do you think are in great danger? Discuss with your group members and check the animals.

让学生讨论有哪些濒危动物，增强保护动物的意识。

(2)T(teacher)： Now there are many animals are in danger in the world. Why?

讨论这些动物濒临灭绝的原因：人类滥砍滥伐、环境污染等，展示相关图片。

One reason is that man cuts down too many trees so animals are losing their homes.

(3)Let some Ss read their answers.

(4)Show the picture of the elephants，Why are they in danger?Today we will learn the reason.

设计意图：通过图片让学生讨论有哪些濒危动物，以及这些动物濒危的原因，为学生创造英语环境，给每个学生思考并表达的机会，既训练学生的表达能力，又激发学生保护动物的意识，此环节根据实际情况可适当拓展。

四、Reading

1．Fast reading

Now，read the passage quickly and find the answer to this question：when is Thai Elephant Day?

Ss：March 13th．

Ss read the passage quickly and try to find the answer to this question.

Check the answers.

2．Careful reading

Now read the passage again and find the answers to these questions（on the big screen）：

① What do the students from Thailand want to do?

② What can elephants do?

③ Why are elephants in great danger?

④ What's the best title for this article?

Ss read the questions first. Then read the passage again and find the answers to the questions.

Check the answers with the class.

设计意图：从快速阅读到精读，逐步加深对文章的理解。

3．Mindmap

Tell the students to look at the mind map in 2c. There are four boxes around the word "elephant". The first box is about the importance of the elephants in Thailand. The second box is about the abilities of the elephants. The third box is about the facts and figures of the elephants. The last box is about how to save the elephants. Let's read the passage again and fill in the blanks.

（1）阅读指导。

①认真看一遍本课的四个表格，明确每个表格是关于大象哪个方面的情况。

②然后再读一遍短文，找到相关内容的依据。仔细读相关内容，分析空格处应当填写的单词。比如：第一个方框中讲大象在泰国的重要性，通过读短文可知依据应是短文的第一段。由最后两句话"我们的第一面国旗上面有一只白色的大象，这是好运的象征，"可知第一个空格处应填写 elephant；第二个空格处应填 luck。其他与此类似。

③最后，再读自己所填写的空格及依据，看是否有错误。

（2）Ss read the article and fill in the blanks in the map.

（3）Check the answers with the Ss.

设计意图：通过思维导图让学生对整篇文章进行梳理，再一次加深印象。

五、**Retell the story**

Ask students to use the mindmap to retell the story.

六、**Homework**

(1) 熟读 2b 中的短文，试着复述 2b 课文。

(2) 写一篇短文(50 个词左右)，题目为"How to Protect Our Friends—Animals"。

【板书设计】

Section B 2a-2c

Revision：

1. friendly, shy, cute, lazy, small, scary, beautiful, smart

2. What animal do you like?

　I like elephants. They're cute. I like dogs, too.

　Why?

　Because they're friendly and smart.

New lessons:

1. When is Thai Elephant Day? (March 13th.)

2. ① What do the students from Thailand want to do?

　② What can elephants do?

　③ Why are elephants in great danger?

　④ What's the best title for this article?

15　I've had this bike for three years

（人教版新目标初中英语八年级下册）

李平英　陈丽　陈冬梅

【教学设计背景及学情分析】

　　无论从词汇量和词汇难度，还是从知识难度来讲，八年级英语教学的难度都极大。如何让学生掌握词汇、适应教材的要求、培养学生自学的能力是教学的关键。同时，八年级学生思维敏捷，乐于接受新知识，课堂表现较为活跃，其阅读能力、理解能力、抽象思维能力也在不断增强。他们具有一定的自我学习英语单词的能力，但在归纳总结知识点方面还需提高，同时在指定时间内完成阅读任务还有一定难度。针对这些现象，本课设计注重突出学生主体地位，教师则通过课前预设，以问题做引导，通过讨论、探究、合作等形式突破本课的重难点。

【环境教育渗透点】

　　C2 废物处理方法与垃圾"三化"；C4 家庭和学校的有害废物、塑料等；C5 为减少固体废物你可以采取的行动。

【教学目标】

　　1. 语言知识目标

　　(1)掌握以下单词和短语：clear、clear out、bedroom、no longer、own、railway、certain、honest、truthful、to be honest、part、part with、while。

　　(2)能力目标：能从阅读中获得个人物品的相关信息。

　　(3)情感目标：正确处理并充分利用自己的废旧物品。

　　2. 情感态度价值观目标

　　(1)在授课过程中渗透环保意识，教育学生改变不良生活习惯。

　　(2)让学生意识到保护环境的重要性，从自己做起，从身边的小事做起。

【教学重点】

　　(1) 掌握重点单词和短语。

　　(2) 学会提供帮助的基本句型。

I'd like to work outside.

I'll help clean the city park.

You could give out food at a food bank.

【教学难点】

本课的教学难点是学会如何迅速有效地在文章中提取重要信息。

【教学准备】

(1)老师：准备 PPT；收集废旧物品的相关材料(实物、图片等)。

(2)学生：准备家里的一些废旧物品。

【教学过程】

一、New words

学生掌握下列单词或短语：junior、junior high school、clear、clear out、bedroom、no longer、own、railway、part、part with、certain、as for、honest、to be honest、while、truthful。

二、Fast reading

3a(Text)

Read the article written by a father for a newspaper. What is his family going to sell at the yard sale?

Keys Son：a train and railway set；the toy monkey.

Daughter：certain toys.

Father：football shirts.

设计意图：快速阅读，了解庭院旧物售卖会。旧物售卖可以充分利用废旧物品的价值。旧物捐赠也是一种很好的废物利用的方法。只要旧物被利用起来，就能减少再生产的压力和资源压力；旧物利用还能减少随意扔弃而产生的环境污染。

三、Careful reading

Read the passage and choose true (T) or false (F).

(1)My daughter is 15 and my boy has already started junior high school.

(2)Our house really get smaller.

(3)My son was quite sad at first.

(4)My daughter felt happy to part with certain toys.

(5)I want to give up my football shirts.

3b(Text)

Read the article again and answer the questions.

(1)Why did they decide to have a yard sale?

Because the father's children get bigger and their house seems to get smaller.

(2)What do they want to do with the money from the sale?

They want to give the money to a children's home.

(3)Why does the son want to keep his train and railway set?

Because he has owned it since his fourth birthday，and he played with it almost every week until he was about seven.

(4)How can the old toys be useful again?

They can be sold to the people who need them.

(5)Have you ever thought about having a yard sale to sell your things?

What would you do with the money you raise?

Yes，I have. I would give it to the charity.

设计意图：通过仔细阅读，判断陈述的正误和回答问题，可以让学生了解庭院售卖会的具体细节，也可以教育学生正确处理售卖所得。比如：捐给慈善机构；帮助身边需要的人等，为学生树立正确的环保意识和价值观。

四、Phrase practice

Find the words or phrases in the article which can be replaced with the ones below and write them next to the words.

lose–part with   kids_____   truthful_____   many_____

some time_____   even though_____   quickly_____   older_____

设计意图：学生再次梳理文章，了解英语知识，强化环保意识。

五、Homework

Recite the article. You can use the sentences according to the keys of 3b(Text).

Collect your old things and give them away to the people in need.

设计意图：通过家庭作业让学生养成收集旧物、捐赠旧物、减少污染的环保意识和习惯。

【板书设计】

Unit 10 I've had this bike for three years

Which group is the best?

G1   G2   G3   G4   G5   G6

Fast reading

Careful reading

Let's protect the environment together!

16 What are the shirts made of

(人教版新目标初中英语九年级上册)

赖玲　刘献慧

【教学设计背景及学情分析】

本课是人教版新目标初中英语九年级上册第 5 单元的第一课时。本单元主要讨论生活中物品的质地，以此来学习一般现在时的被动语态。

进入九年级，学生已经具备一定的语言知识和能力，对动词和句型结构有了一定程度的理解和掌握。学习时，应结合生活实际开展对话，让学生在活动和对话中掌握和理解被动语态的用法和结构。现在的孩子生活条件较好，往往不懂得珍惜和感恩，通过对话和讨论，老师可以引导学生选择实用、环保的生活用品，倡导重复利用，使孩子形成正确的价值观。

【环境教育渗透点】

H1 能源危机。

【教学目标】

（1）Can read and write the new words and expressions：chopstick，coin，fork，blouse，silver，glass，cotton，steel，fair，grass，leaf，produce，widely，process and be known for，according to pictures and practice.

（2）Describe things with "be made of" " be made from" and "be made in"，make simple dialogues with them.

（3）Know the form of passive voice.

（4）Can deal with problems by working with partners.

【教学重点】

Describe things with " be made of " " be made from " and " be made in "，make simple dialogues with them.

【教学难点】

Distinguish " be made of "，" be made from " and " be made in ".

【教学准备】

Teaching aids：radio，tape，multimedia.

【教学过程】

一、**Warm up**

Ask a student to do a daily report，lead to new lesson.

二、**Show the study aims**

The same as teaching aims.

三、**Self-learning**

1. Learn the new words

Show some pictures and ask students to say in English.

2. Finish 1a. What are these things usually made of？Match them with the materials. More than one answer is possible.

3. Listen and match the products with what they are made of and where they were made，finish 1b.

Teacher give some explanations about "be made of"，"be made from "and" be made in ".

四、**Cooperation**

（1）pair-work：look at the pictures，and choose some of them to make a simple dialogue with desk mate.

A：What's this?   B：It's…

A：What is it made of/from?   B：It is made of/from…

A：Where is it made?   B：It's made in…

（2）Distinguish "be made of " "be made from " and "be made in " and so on.

be made of："由……制成"，后接原材料，强调物理变化，能看出原材料。

be made from："由……制成"，后接原材料，强调化学变化，不能看出原材料。

be made into："被制成……"，后接成品，强调被制成什么成品。

be made by："被……制造"，后接制作人，强调制作人是谁。

be made in："在……制造"，后接地点或场所，强调物品的产地。

引导学生：我们地球上的资源正在减少，我们要好好利用身边的资源，不浪费，尽量重复利用身边的东西，从点滴做起。

（3）Group work：Finish the sentences with group.

（4）Read the dialogue with desk mates，discuss the language points，conclude the form of passive voice.

五、**Practice**

Choose the right answer for each sentence.

Finish the sentence according to the Chinese meaning.

六、Homework

(1) Translate the sentences.

(2) Remember the new words.

七、Teaching reflection

教学过程中,孩子们积极性很高,对话表演很积极。谈到身边事物的时候,能够通过老师的引导自然联想到节能环保,重复利用,但是在实际行动中还需要加强引导。

【板书设计】

Unit5   What are the shirts made of

1. be made of/ be made from/ be made in/be made up of

2. 被动语态的构成: 主语 + be + vt.过去分词+其他。

一般现在时态的被动语态:主语 + be (am / is / are) + 过去分词 + …。

17 We are trying to save the earth

（人教版初中英语九年级下册）

张泽辉 王贵莉 姚琳

【教学设计背景及学情分析】

本课是人教版初中英语九年级下册第 13 单元 Section B 的写作内容。本单元以"拯救地球"为话题，谈论环境保护问题，让学生通过学习，提出一些保护环境的可行性措施，同时让学生假设自己为 major（市长），让政府提出一些解决环境问题的有效措施。

九年级的学生思维拓展性强，课堂表现活跃，英语写作水平也在不断增强，但词汇量还需不断扩大，看待问题还不够全面。本课针对学生现状，引导学生根据现有环境问题，提出个人见解和建议政府应当采取的环保措施。

【环境教育渗透点】

D3 噪声污染的危害；D4 噪声污染的防治；H1 能源危机；J4 低碳生活。

【教学目标】

1. 语言知识目标

基本词汇：pollution、litter、bin、bottle、advantage、disadvantage、harmful、industry、reusable、recycle、ecosystem。

基本词组：be harmful to、take part in、turn off、take action、throw away、put sth. to good use。

基本句型：We're trying to save the earth!

The river used to be so clean.

The air is badly polluted.

I think that…

We should /could…

I think that we should…

2. 技能目标

能正确运用现在进行时、现在完成时、被动语态、情态动词和 We should…/I suggest…句型。

3. 情感目标

有环境危机意识，学会关注环境、保护环境，提出环境保护的有效措施。

【教学重点】

（1）提出保护环境的措施、方法。

（2）能正确运用现在进行时、现在完成时、被动语态、情态动词和 We should…/I suggest…句型。

【教学难点】

（1）提出有效解决环境问题的方法。

（2）能正确运用现在进行时、现在完成时、被动语态、情态动词和 We should…/I suggest…句型。

【教学准备】

（1）老师：收集目前出现的环境问题（图片）。

（2）学生：利用课余时间思考环保措施。

【教学过程】

1. Revision

Think about the environment in your town/city and list the environmental problems in your town/city.

2. Discussion

（1）What should we do to save the earth?

（2）What should governments do to save the earth?

3. Pre-writing

Write a letter to the city major about the problem and your suggestions.

In your letter, describe the environmental problems in your town/city. In your letter, describe the environmental problems in your town/city.

（1）What are the problems?

（2）Where are they?

（3）What or who is causing these problems?

Then, give suggestions or possible ways to solve the problems.

（1）I think that…

（2）We should/could…

（3）I suggest…

4. Writing

Dear Sir/ Madam,

Environmental problems are becoming more and more serious today.

_____

We should_____

_____

_____

_____

_____

I hope the problem will be solved in the near future and our home will become better and better. If we all try our best to protect the environment，our earth will be more and more beautiful.

中考链接

请以"How to protect our environment?"为题写一篇短文。

提示：水污染严重，砍伐森林现象严重，空气污染严重，白色垃圾越来越多。

要求：提出 3 个或 4 个建议，不少于 80 个词。

_____

_____

_____

_____

_____

【板书设计】

Unit 13   We are trying to save the earth

（Section B）   Writing

Problems:

Problem 1:

Problem 2:

Problem 3:

Questions:

1. What should we do to save the earth?

2. What should governments do to save the earth?

➢   I think that…

➢   We should/ could…

➢   I suggest…

18 巴 西

(粤教版初中地理七年级下册)

闵平

【教学设计背景及学情分析】

巴西是粤教版初中地理七年级下册重点介绍的一个国家，巴西的经济发展过程、社会背景、文化特点基本上代表了拉丁美洲的发展过程和社会现状。本课主要讲述巴西的自然环境部分，其中就涉及水资源和森林资源的环境保护问题，学生可通过学习提出一些保护环境的可行性措施。七年级学生思维活跃，感情丰富，求知欲强，好胜心切，在接受知识时往往带有浓厚的感情色彩，乐于接触有趣的感性知识，因此在学习本课时，要多用一些激趣的方法，要多举例，多以图片展示的方式增强学生印象。

【环境教育渗透点】

A1 地球上的水；J2 气候变化的原因及影响；J3 应对气候变化的主张与方案。

【教学目标】

1. 认知目标

(1)巴西是拉丁美洲面积最大、人口最多的国家；

(2)热带雨林的环境效益、开发目的及环境问题；

(3)巴西的地理位置、地形区划及主要气候特征。

2. 能力目标

(1)认识殖民统治对巴西种族的构成、政治、经济、文化的深远影响；

(2)了解巴西热带雨林的成因及现状，以及亚马孙河水量大的原因，提高综合分析地理问题的能力。

【教学重点】

(1)巴西是发展中的工农业大国；

(2)了解开发资源和保护环境的经验教训。

【教学难点】

(1)分析亚马孙雨林现状和遭受破坏的原因，以及相应的保护措施，使学生懂得保护热带雨林的重要意义，初步树立保护全球环境的观念。

(2)了解热带雨林的成因，以及亚马孙河水量大的原因。

【教学准备】

老师准备教学用 PPT，对学生进行分组，准备导学案并发放。

【教学过程】

(1)学生欣赏热带雨林的图片和视频，引出课题。

老师：这节课我们主要从地理位置和自然环境方面来了解巴西。

(2)老师：首先请同学们看导学案或屏幕上的互助探究，结合书本与地理图册上的文字和地图，各小组讨论并回答相关问题。

老师：先看第一个问题，有人说巴西是一个为足球而疯狂的国家，只要有巴西队的比赛，就一定会有忠实的球迷，在球场内外热情地挥舞着手中的国旗，那国旗上的绿色和黄色有什么含义呢？请同学们根据刚才小组讨论的结果，完成导学案第二部分——互助释疑的第一题。

(3)老师：接下来我们一起解决第二个问题——巴西的位置，同样请同学们根据刚才小组讨论的结果，完成导学案第二部分——互助释疑的第二题和第三题。

老师强调：①巴西主要位于热带，所以我们经常说巴西是"热情的巴西"；②巴西东临大西洋。

(4)老师：有关巴西的地理位置，我们就了解到这里，下面我们将聊到的是巴西的地形和地势。

老师：请同学们根据刚才小组讨论的结果，完成导学案第二部分——互助释疑的第四题。

教师强调：①亚马孙平原，约占巴西陆地总面积的 1/3，是世界上面积最大的平原；②巴西高原，约占巴西陆地总面积的 2/3，是世界上面积最大的高原。

(5)老师：地形、地势聊完，我们接下来聊一聊巴西的河流。看导学案的第五题，我们一起来试着完成吧。教师强调：我们前面学过亚马孙河是世界第二长河，其水流量和流域面积均为世界之最。

巴拉那河是世界的第五大河，该河的水流量居世界第五位，在这条河上，有曾经世界第一、现在世界第二大的水电站——伊泰普水电站。这座举世瞩目的水电站由巴西和巴拉圭两国共同修建在两国的交界处，因为在两国交界处的瓜伊拉瀑布非常适合修建这种超大型水电站，不过水电站修好后，此瀑布也因水电站所修人工湖而消失。老师：这里地势落差大，水流充足。说到地势落差大，那我就想请问在座的各位，这里为什么地势落差这么大呢？它是位于哪两个地形区的交界处？

(6)老师：这节课的最后，我们一起来谈谈巴西的气候。请同学们结合南美洲的气候类型图，说说巴西主要的气候类型，并请完成导学案的第六题。

教师强调：亚马孙平原热带雨林密布，植物种类繁多并有许多特有品种，动物种类亦很丰富，所以亚马孙平原有"世界动植物王国"的美誉。

但是这美丽的雨林在最近几十年却在遭受着严重的破坏——每分钟有相当于六个足球场面积的森林遭到破坏。请问是什么原因致使雨林这么快地消失呢？

学生讨论后回答。

　　教师强调：森林具有涵养水源、调节气候、消减污染及保持生物多样性的功能。热带雨林像一个巨大的吞吐机，每年吞噬全球排放的大量的二氧化碳，又制造大量的氧气，亚马孙热带雨林因此被誉为"地球之肺"。热带雨林的减少不仅意味着森林资源的减少，而且意味着全球范围内的环境恶化。

　　热带雨林的减少主要是由于烧荒耕作、过度采伐、过度放牧和森林火灾等造成的，其中烧荒耕作是首要原因，占整个热带森林减少面积的 45%。在垦荒过程中，人们把重型拖拉机开进亚马孙森林，砍倒树木，再放火焚烧。因此，保护雨林迫在眉睫！

　　(7)老师：有关巴西的地理位置和自然环境的相关知识我们已经学习完毕，接下来同学们和老师一起来总结一下本课的重点知识。

　　①三个世界第一：世界最大的平原——亚马孙平原(热带雨林气候)；世界最大的高原——巴西高原(热带草原气候)；世界上流量最大、流域面积最广的河流——亚马孙河。

　　②两个一：一个水电站——伊泰普水电站；一个别称——世界动植物王国。

　　最后，学生完成导学案的课堂练习。

【板书设计】

　　　　　　　　　　　　巴西
　　　　　　　　　　　　国旗的含义
　　　　　　　　　　　　位置
　　　　　　　　　　　　地形与地势
　　　　　　　　　　　　亚马孙河的特点

　　　　　　　　　　　　　　　　　　热带雨林—破坏严重—影响及解决措施
　　　　　　　　　　巴西的气候
　　　　　　　　　　　　　　　　　　热带草原

19 水 资 源

（粤教版初中地理八年级上册）

唐娟　胡珊

【教学设计背景及学情分析】

　　水资源是粤教版初中地理八年级上册第三章《中国的自然环境》第三节内容。本章之前的内容对中国的自然环境进行了概述，而本章主要是让学生了解人类正是通过利用自然资源而与自然环境发生联系的，自然资源是人类生存和文明发展的物质基础，只有对其进行合理利用和保护，才能实现人类的可持续发展。

　　八年级学生经过一年的地理思维训练，形成了基本的地理素养，对地理事物的认知、图表分析的能力都有较大提高。本课在知识点的要求上难点内容少，需要学生识记的内容较多。课堂教学主要采取以学生自主学习为主，以教师点拨、归纳为辅，通过开展课堂活动，让学生自主学习。

【环境教育渗透点】

　　A1 地球上的水；A2 水的用途；A3 水污染与治理；A4 节水技术与措施；H3 可再生能源资源。

【教学目标】

　　1. 知识与技能

　　(1) 理解水资源和淡水资源的概念，知道水是人类宝贵、有限的自然资源；

　　(2) 知道地球上淡水的构成和衡量一个国家或地区水资源的指标；

　　(3) 了解我国水资源的特点、时空分布规律及与降水量的时空分布关系；

　　(4) 了解为解决水资源时空分布不均而建设的大型工程；

　　(5) 了解我国水资源的利用状况和采取的保护措施。

　　2. 过程与方法

　　通过分析对比数据、图表资料，培养学生分析、归纳、推理的地理思维能力。

　　3. 情感态度与价值观

　　教师通过读图、阅读、举例等方式，帮助学生树立合理开发利用水资源和保护水资源的观念。

【教学重点】

　　本课的教学重点是水资源的时空分布特点。

【教学难点】

本课的教学难点是理解我国水资源时空分布规律及与降水量的时空分布关系。

【教学准备】

(1)老师：收集改革开放以来家乡巨变的材料(数据、图片等)。

(2)学生：利用课余时间了解家乡变化。

【教学过程】

1. 新课导入

多媒体展示：地球上水资源的分布和世界淡水图。

要求学生阅读图表，分析并归纳以下问题的答案。

(1)什么是水资源？什么是淡水资源？

(2)为什么水资源那么丰富而有些地方还闹水荒？

(3)淡水资源可以分为哪几类？

(4)衡量一个国家或地区水资源的指标是什么？

(5)我国水资源的特点是什么？

2. 新课学习

(1)主题一：水资源概况。

自主学习一：阅读(表19-1)，完成教材第54页活动题，并对比分析我国人均水资源少和加拿大人均水资源多的原因。

表 19-1　世界水资源排名前六位的国家比较

	径流总量/亿立方米	占世界总量的比例/%	人均径流量/(立方米/人)
世界	468700	100.0	10340
巴西	51912	11.1	43700
俄罗斯	40000	8.5	27000
加拿大	31220	6.7	129600
美国	29702	6.3	12920
印度尼西亚	28113	6.0	19000
中国	27115	5.8	2632

学生小结：我国水资源总量丰富；但人均水资源不足。

(2)主题二：空间分布差异显著。

自主学习二：观察《中国水资源分布图》，在图上找出我国水资源最丰富的地区和水资源最缺乏的地区，并分析我国水资源空间分布的特点。

自主学习三：观察我国南北方径流量和耕地面积对比图，并分析：①我国水资源的空间分布与降水量空间分布的关系；②我国水资源的空间分布与耕地空间分布的关系。

讨论：我国水资源和耕地的空间分布特点对人们的生产和生活带来的影响。

思考：面对这些影响我们应该采取什么措施？

自主学习四：观察跨流域调水资料和南水北调示意图，要求学生分析面对水资源和土地资源配置不理想的矛盾，我们应该采取哪些措施？

小结：兴修水利工程，跨流域调水，合理利用水资源。

(3)主题三：不同季节变化明显。

自主学习五：观察中国水资源分布图，完成第57页活动题。

小结：我国东部地区的水资源夏秋多、冬春少。夏秋丰富的水资源与高温期的配合，对农作物生长有利，但这种时间上的分配不均也是造成春旱和夏涝的主要原因。

(4)主题四：保护水资源从我做起。

拓展：我们必须珍惜和合理利用每一滴水，保护水资源。

3月22日是"世界水日"，3月22～28日是"中国水周"。

课后小任务：以学习小组为单位，设计一条节水公益广告，可以采用绘画、情景剧、动画等形式在下节课做展示。

3. 课堂小结

学生分享本节课的收获。

4. 课后拓展

根据本节课所学知识，以小组为单位，自主选择从经济社会发展的某一个方面调查家乡建设发展情况，形成调查报告，并从生态文明的角度提出一些合理建议。

【板书设计】

水　资　源

一、水资源概况

二、我国水资源空间分布差异显著

　　东多西少　南多北少

三、我国水资源不同季节变化明显

　　夏秋多　冬春少

四、保护水资源从我做起

Huaxue

20　爱护水资源

（人教版初中化学九年级）

郭英

【教学设计背景及学情分析】

在工业生产迅速发展的今天，我国大部分城市用水紧张，而许多地区水资源浪费、污染很严重，污水任意排放，已经严重影响人们的日常用水和生活环境。本节课安排三个主题的教学：①水是人类的宝贵资源；②水资源的状况令人担忧；③珍惜水资源，爱护水资源。为了突出重点，突破难点，本课通过介绍水的概况、展示水资源污染的图片和视频资料，触动学生的情感，让学生更深刻地认识水污染的严重性，认识爱护水资源的重要性和迫切性。

【环境教育渗透点】

A1 地球上的水；A3 水污染与治理；A4 节水技术与措施。

【教学目标】

(1)了解世界、中国以及自贡的水资源情况；

(2)掌握水体污染的来源、危害以及防治水体污染的措施；

(3)认识节约用水和保护水资源的重要性和迫切性，形成节约用水和保护环境的良好品德。

【教学重点】

本课的教学重点是树立学生的爱水意识，增强社会责任感、使命感。

【教学难点】

本课的教学难点是激发学生情感，使其重视水资源、爱惜水资源。

【教学准备】

(1)教师准备：①有关水资源分布、水污染等方面的资料，制成多媒体课件；②对资料进行分类处理，结合教学内容，适当采用。

(2)学生准备：收集有关地球上水资源储存情况、世界水资源短缺信息、我国淡水危机及节约用水的资料。

【教学过程】

一、创设情景、视频引入

1. 设计意图

一段触目惊心的文字和一段让人心酸的视频，足以震撼学生的心灵，引发学生的思考与关注，促使学生参与到本课的学习中。

2. 师生活动

(1)课件展示一段文字：20 世纪 50 年代的水用于淘米、洗菜，60 年代的水用于洗衣、灌溉，70 年代的水质变坏，80 年代的水中，鱼虾绝代，90 年代的水使人拉稀、生癌，21 世纪的水可使百病袭来。如今，水污染已使蛔虫都无法生存。水，已成为人类健康的隐形杀手！

(2)观看视频：央视《新闻调查与报道》——癌症村与水。

(3)教师点题并板书：水资源污染严重，爱护水资源迫在眉睫。

二、水是人类宝贵的资源

1. 设计意图

(1)观看视频，从科学角度了解水对人类生命活动的重要性。

(2)通过问答，了解学生对水相关知识的信息面，并激发学生的兴趣。

播放视频：《一切生命离不开水》。

2. 师生活动

老师过渡：由此看来，地球上的生命活动与水息息相关。那同学们对水了解有多少？

老师开展知识问答。

(1)地球的表面积约有多少被水覆盖着？（   ）

A.51%　　　　　　B.61%　　　　　　　　C.71%　　　　　　　　　D.81%

(2)海水中含有的化学元素大约有多少种?（   ）

A.50 多种　　　　B.60 多种　　　　　　C.70 多种　　　　　　　D.80 多种

(3)中国水资源总量居世界第几位?（   ）

A.第二位　　　　B.第四位　　　　　　C.第六位　　　　　　　D.第八位

(4)世界水日是几月几日？（   ）

A.3 月 22 日　　　B.4 月 22 日　　　　C.6 月 4 日　　　　　　D.7 月 4 日

(5)南水北调工程将使我国北方 44 座大中型城市摆脱缺水困境,请问是将哪里的水调往北方？（   ）

A.珠江　　　　　　B.长江　　　　　　　C.黄河　　　　　　　　D.金沙江

三、水资源状况令人担忧

1. 设计意图

(1)了解世界以及中国水资源的分布情况。

(2)感悟淡水资源的缺乏。

（3）通过图片冲击，让学生感受爱护水资源的紧迫性和重要性。

（4）观看自贡新闻，真实体会水污染就在我们自贡人身边。

（5）实地调查水库以及水龙头上方的警示宣传片，学生的参与可加强其主人翁责任感。

2．师生活动

老师：看来同学们平时就积累了非常丰富的有关水的知识，下面我们通过图片看一下地球水资源的状况（图 20-1 和图 20-2）。

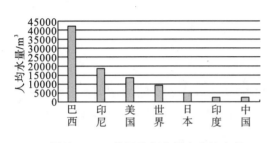

图片 20-1　世界及部分国家人均水量

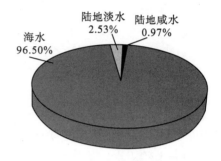

图 20-2　水资源分布图

（1）观看图片：世界水资源分布，淡水占全球水储量的 2.53%，可利用的淡水不到 1%。

水危机是最严重的全球性问题，未来战争的导火索可能就是水资源。我国是世界上严重缺水的 110 个国家之一。

（2）展示图片：世界多国缺水图片。重庆百年一遇旱灾图片。展示自贡新闻报道：《全市启动应急预案渡缺水难关》。过渡：在淡水资源极其匮乏的情况下，水体污染日益严重。

（3）自贡新闻：自贡水污染致万条鱼死，净水刻不容缓。

自贡新闻：自贡水质达标率较低　环保部点名批评。

（4）教师讲解水体污染的来源。

工业污染：废渣、废液、废气。

农业污染：农药、化肥的不合理施用。

生活污染：生活污水的任意排放、垃圾随处堆积。

老师：水体污染不但加剧水资源短缺，而且严重损害人民群众的身体健康和生命安全！

（5）老师展示本校学生到双溪水库调查的照片以及墙面宣传片（图 20-3）。

图 20-3　参观自来水厂

四、珍惜水资源、爱护水资源

1. 设计意图

(1)了解相关部门解决缺水问题以及节水的措施；

(2)感受通过节约用水可避免大量淡水资源的浪费；

(3)激发人们爱护水资源的热情；

(4)强化"爱护水资源，人人有责"的意识。

2. 师生活动

老师：作为祖国母亲的儿女，应如何爱护我们的水资源?

(1)自贡新闻：中科院技术落地自贡 45 天治理污水变三类水。

(2)展示图片：跨流域调水、修建水库。

(3)老师讲解预防和消除水体污染的措施。

老师：针对我国水资源严重紧缺的情况，我国兴建水库和跨流域调水工程，解决我国水资源时空分布不均的问题。除此之外，我们还必须爱护水资源，一方面要防止水体污染，另一方面要节约用水。从某种意义上讲，节约用水更重要。

老师展示本校学生的节水画报(图 20-4)以及节水标志图片。

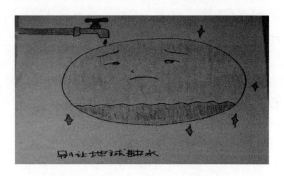

图 20-4　学生自绘的节水画报

(4)同学们在日常生活中有哪些节水措施呢?

老师：同学们，你们希望地球上的最后一滴水是我们人类的眼泪吗?!说到不如做到!那就让我们以实际行动去爱护我们的生命之源吧!

老师播放爱护水资源之歌。

【板书设计】

1. 水是宝贵的自然资源

2. 水资源状况令人担忧

3. 爱护水资源　　(1)节约用水

　　　　　　　　　(2)节水从我做起

21　酸雨强度对大理石、水生动物、植物影响程度的探究

(教科版初中化学九年级全一册)

钟红英

【教学设计背景及学情分析】

电视、杂志里经常介绍酸雨，报道酸雨的危害，它可造成土壤、岩石中的重金属溶解，流入江河或湖泊，严重时会使鱼类大量死亡。水生植物和以酸化水质灌溉的农作物因积累有毒金属，经食物链进入人体，影响人类的健康。酸雨会腐蚀建筑物、公共设施、古迹和金属物质，造成人类经济及文化遗产的损失。原国务院环境保护领导小组办公室(现并入城乡建设环境保护部)开展了对全国酸雨的普查工作，发现我国长江以南和西南地区的一些城市出现酸雨，其中以西南地区的重庆和贵州最为严重，降水的平均 pH 为 4.2，酸度最大时 pH 达到 3.0，已接近世界上酸雨最严重的美国东北部和北欧的酸雨水平。

什么是酸雨？简单地说，酸雨就是酸性的雨。未被污染的雨水是中性的，pH 约为 7；当大气中二氧化碳饱和时，降水略呈酸性，pH 为 5.65；如果被大气中存在酸性气体污染，雨水的 pH 就会小于 5.65，即酸雨。溶解的酸性气体越多，雨水的酸性越强，所以不同地区、不同季节，雨水的酸性是不同的。

【环境教育渗透点】

B3 大气污染的危害；B4 空气污染的防治。

【教学目标】

(1)通过查阅酸雨形成的原因，了解酸雨对自然环境的影响。

(2)通过不同酸性溶液对大理石、鱼类、小麦的对比实验，了解酸雨强度对建筑物、动植物的危害程度。

(3)结合我们身边的环境，制订保护环境的措施，建立环保意识，争做一名环保小卫士。

【教学重点】

本课的教学重点在于情感态度价值观的教育，引导学生懂得资源和环境的重要性，了解我国存在的严重环境问题，认识可持续发展思想的重要意义。

【教学难点】

本课的教学难点是理解节约资源和保护环境的基本国策，思考如何开展节约资源和保

护环境的活动。

【教学准备】

1. 实验准备

实验仪器：玻璃棒、天平、容量瓶、烧杯、镊子、量筒、胶头滴管。

实验用品：蒸馏水、浓度为98％的硫酸。

其他：大理石、金鱼、小鲤鱼、小虾、野外采集的小麦。

2. 配置溶液

将浓硫酸分别稀释为pH=1、pH=2、pH=3、pH=4的稀硫酸溶液各1000mL。

【教学过程】

一、自主学习

不同的酸雨强度会对建筑物、动植物产生怎样的影响呢？怎样模拟不同强度的酸雨？为了弄清楚这个问题，我们决定用不同pH的硫酸溶液来代替酸雨，探讨不同酸雨强度对大理石的腐蚀程度。

1. 硫酸溶液与大理石反应的对比实验（表21-1）

表21-1　硫酸溶液与大理石反应的对比实验

	pH=1	pH=2	pH=3	pH=4
实验前大理石重量	宽：1.5cm 长：17.6cm 厚：0.4cm 重量：177.5g	宽：1.5cm 长：17.5cm 厚：0.4cm 重量：176.5g	宽：1.5cm 长：16.6cm 厚：0.4cm 重量：167.5g	宽：1.5cm 长：19.5cm 厚：0.4cm 重量：197.4g
实验过程中现象	实验开始时，浸入溶液中的大理石表面有大量气泡产生，随着反应进行，气泡量逐渐减少，一段时间后看不见明显现象；实验结束后，大理石表面有大量白色物质	实验开始时，浸入溶液中的大理石表面有少量气泡产生，一段时间后看不见明显现象；实验结束后，大理石表面有大量白色物质	从实验开始到结束，大理石表面没有明显的气泡；实验结束后，大理石表面有少量白色物质	从实验开始到结束，大理石表面没有明显的气泡；实验结束后，大理石微微变色（与反应前对比）
实验结束时大理石重量	176.9g	176.2g	167.6g	197.3g

注：大理石在石材加工厂取得，将一块大理石比较均匀地分为四小块。

结论：大理石在不同pH的硫酸溶液中反应，溶液的酸性越强，腐蚀越严重。

推论：若是酸雨作用于岩石或者建筑物，酸雨强度越大，岩石或建筑物腐蚀得越快。

2. 水生动物在不同pH的硫酸溶液中生长情况的对比实验（表21-2～表21-4）

表21-2　金鱼在不同pH的硫酸溶液中的生长情况

	pH=1	pH=2	pH=3	pH=4	自来水
金鱼数量/只	2	2	2	2	2
明显不适应	立即出现	2～3分钟	6～10分钟	半小时后	正常生长
基本不游动	10分钟左右	20分钟左右	1小时左右	13小时左右	正常生长
出现死亡迹象	30分钟	2～3小时	5小时左右	12小时内	正常生长

表 21-3　小鲤鱼在不同 pH 的硫酸溶液中的生长情况

	pH=1	pH=2	pH=3	pH=4	自来水
小鲤鱼数量/只	4	4	4	4	4
明显不适应	立即出现	10 分钟左右	30 分钟左右	2 小时后	正常生长
基本不游动	15 分钟	1 小时左右	3～4 小时	13 小时	正常生长
出现死亡迹象	40 分钟	4～5 小时	1 天内	2～3 天	正常生长

表 21-4　小虾在不同 pH 的硫酸溶液中的生长情况

	pH=1	pH=2	pH=3	pH=4	自来水
小虾数量/只	4	4	4	4	4
明显不适应	3～4 分钟	30 分钟左右	3～4 小时	2 天左右	正常生长
基本不游动	20 分钟	5～6 小时	20 小时	4 天左右	正常生长
出现死亡迹象	2 小时内全部死亡	1 天内全部死亡	第 3 天死亡 1 只，第 4 天第 2 只虾死亡，第 8 天第 3 只虾死亡，第 11 天第 4 只虾死亡	10 天后第 1 只小虾死亡，截至 1 月 6 日还有 1 只小虾存活	正常生长

注：金鱼在市场购买，小鲤鱼是在鱼苗场购买，小虾为鱼塘里捕捞。此三类水生动物大小基本相同，从形状看个体差异不明显。

实验结论如下。

(1)将金鱼、小鲤鱼、小虾放入不同 pH 的硫酸溶液中，溶液的酸性越强，金鱼、小鲤鱼、小虾越容易死亡(死亡时间越短)。

(2)不同的动物对酸度的承受能力不同，在这三种动物中，金鱼耐酸性最差，小虾耐酸性最强。

(3)短时间内可观察到 pH=1～3 的溶液对金鱼、小鲤鱼、小虾有较为明显的危害，在 pH=4 的溶液中则不太明显。

推论：酸雨强度越大，对水生动物危害越大。

3. 用不同 pH 的硫酸溶液给小麦浇水的对比实验(表 21-5)

表 21-5　用不同 pH 的硫酸溶液给小麦浇水的对比实验

情况	不同 pH 的硫酸溶液			
	pH=1	pH=2	pH=3	pH=4
12 月 8 日	小麦叶子开始变黄	一切正常	一切正常	一切正常
12 月 12 日	枯黄面积增加	小麦叶子开始变黄	一切正常	一切正常
12 月 22 日	小麦逐渐枯萎	枯黄面积增加	一切正常	一切正常
12 月 30 日	几乎枯萎	枯黄面积增加	小麦叶子开始变黄	一切正常
1 月 6 日	几乎枯萎	枯黄面积增加	枯黄面积增加	一切正常

注：将在野外取得的小麦样品进行处理：移植、培植，待所有小麦均正常生长后，11 月 20 日开始用不同 pH 的硫酸溶液给小麦浇水。

结论：用不同 pH 的硫酸溶液给小麦浇水，溶液的酸性越强，小麦越容易枯萎。

推论：若是酸雨作用于农作物，酸雨强度越大，农作物越容易枯萎或者死亡。

实验结果表明：

(1)溶液酸性越强，对建筑物的腐蚀越快；

(2)溶液酸性越强，对水生动物的危害越大；

(3)用酸性溶液浇灌植物，溶液酸性越强，对植物危害越大，严重时可导致植物死亡。

由于缺乏相关硬件设备的支持，如普通托盘天平称量不是很精确，在动物和植物的相关实验里，实验时间不足、金鱼数量偏少、小麦数量有限，我们得到的结论仅仅作为酸雨影响的参考。

二、合作交流

老师对自贡市的自然环境进行简单介绍。

实验证明，自贡市降雨已部分呈现酸性，有时雨水的 pH 相当低，足以危害本地生物的生存，尤其是在以硫酸作为生产原料的化肥厂区，当地作物的生长已经受到比较严重的威胁。部分对酸雨比较敏感的作物已经或即将失去生存空间。经调查，自贡市空气和水环境污染已经比较严重。

2011 年 10 月 14 日，自贡市富顺县人民政府办公室印发《富顺县空气和水环境污染治理工作实施方案》：通过加大工业企业废气治理、调整产业结构、实施城区煤改气、控制扬尘污染等措施，改善空气环境质量；通过农业面源污染治理、生活污染治理、保护区管理等措施，改善城乡饮用水源水质。

自贡市富顺县著名建筑——回澜塔(又名锁江塔)，建于清道光二十六年，位于富顺城西的沱江之滨，为县重点保护文物之一，因长时间暴露于户外，受酸雨作用，出现一定程度的腐蚀。

文庙，位于县城中心的南门，主供孔子，时称"文宣网庙"。庙内立石质"雁塔碑"，刻有全县历次中试者的名字。建筑暴露户外受酸雨作用，腐蚀程度较为严重。

三、拓展延伸

老师带领学生一起总结如何治理酸雨？

(1)减少硫的氧化物及氮的氧化物排放：比如征收 SO_2 排放费，调整能源结构，改进燃烧技术等。

(2)开发可以替代燃煤的清洁能源，如太阳能、核能、水能、风能等。

(3)控制汽车尾气，如：

①制定各类汽车的废气排放标准；

②大力推广使用无铅汽油，改进发动机技术，安装尾气净化器；

③呼吁使用绿色汽车；

④减少私家车的使用。

(4)加强植树面积，扩大绿色面积。

通过酸性溶液对动植物危害的对比实验，学生可了解酸雨对环境造成污染包括哪些方面；环境污染是如何造成的，对人类有哪些危害；环境污染和人类切身利益有哪些关联；我们应该怎样保护环境等。丰富多彩的实践活动使学生确确实实感受到酸雨危害的严重性和环境保护的必要性，激励学生立志做"绿色环境小卫士"，时刻保持对环境问题的敏感性。

【板书设计】

1. 酸雨定义
2. 实验探究：大理石、小麦、几种鱼类
3. 总结：影响酸雨的因素，减少酸雨的方法
4. 谈谈收获

初中环境教育学科同步渗透教学设计

历史
Lishi

22 卓越的工程

（川教版初中历史七年级上册）
黄萍

【教学设计背景及学情分析】

本课是旧川教版初中历史七年级上册《中国古代文化》第二课的内容，主要通过学习都江堰、郑国渠、灵渠及秦长城等工程，体会中国古代劳动人民的智慧和创造力，认识中国古代超凡的工程技术为社会发展所做出的贡献，认识灿烂的古代文明所散发出的魅力。本课与《商鞅变法》和《秦朝的统一》内容相呼应，在教学中将本课分为战国两大水利工程都江堰水利工程、郑国渠和秦朝边防工程秦长城两个部分，目的是遵循时序性，也便于分析和归纳相同点。

在《中国古代文化》中，作为自然科学的一部分，该课无疑占据着比较重要的地位，因为它汇集了历史、地理、建筑、水利、军事、人文等知识，对于增长学生的见识、提高学生的认知力及利用所学知识进行创新都大有益处。

七年级的学生认识和思考问题较片面、浅显和感性，历史整体感较差，但他们思维活跃，好奇心强，大部分学生主要靠课本获取历史知识较为有限。因此，教师在教学中，注意利用现有直观资源，挖掘教学潜力，给学生更多的历史背景资料，通过图片、配音、录像制造情境，制造浓厚的历史氛围，使学生产生身临其境之感，激发学生的学习兴趣，从情境中感悟历史。

【环境教育渗透点】

A1 地球上的水；K4 节能减排；K1 生态文明；K2 可持续发展。

【教学目标】

(1)记住都江堰水利工程、郑国渠两大水利工程的地理位置、修建年代，记住秦长城的东西两端所处地理位置，理解都江堰的功效和秦长城的价值。通过读图来培养和提高学生的观察能力；通过想象都江堰水利工程、秦长城等重大工程的修建情况，培养和提高历史想象力；学习和初步掌握评价工程效益的基本方法。

(2)通过学习都江堰水利工程的特点，让学生认识人类应如何处理与自然的关系，培养学生注意保护生态环境、节约资源、走可持续发展之路的情怀。

【教学重点】

都江堰水利工程、秦长城，中国古代文明中的两大工程，卓越非凡，与自然和谐共处，让世人惊叹。

【教学难点】

本课的教学难点是让学生认识都江堰水利工程、秦长城等工程选址和设计的科学性以及对自然资源的完美利用。

【教学准备】

老师准备多媒体课件及投影仪，学生对三大工程的图表资料进行整理。

【教学过程】

听歌赏图，激趣导入。

课前欣赏歌曲《好一个都江堰》。

好一个都江堰

谭维维

那也不是传说耶，那也不是梦幻噢，

那是真实的神话，那是人间的奇迹耶，

那就是千秋都江堰啊。

好一个都江堰，源头在四川啊。

老师：同学们，歌曲诵唱的是哪个卓越工程？学生：都江堰水利工程。

老师简单介绍都江堰水利工程。

老师引导：今天我们将要走进的就是 2000 多年前的《卓越的工程》。

老师板书：卓越的工程。

1. 走近卓越的工程

老师导入：展示战国到秦朝的地图，从这张地图上你能发现哪些工程呢？

学生：识图回答。

老师总结：对，细心的同学善于从地图左下角的提示框去查找准确信息。

我们今天主要学习都江堰水利工程、郑国渠和长城。都江堰水利工程、郑国渠属于秦国水利工程，长城是秦朝防御工事。

秦国和秦朝有什么区别吗？秦国是战国时期的诸侯国，秦朝是一个统一的全国性政权。

老师安排：请同学们阅读教材，完成下列表格（表 22-1）相关内容。

表 22-1　都江堰、郑国渠及长城的基本信息

工程	修建时间	地理位置	主持者
都江堰			
郑国渠			
长城			

学生活动：阅读书本，自主学习完成卓越工程知识一览表。

老师指导：对于重点知识，同学们应划着重符号并记忆。

学生在表 22-1 中填入如下信息。

都江堰水利工程：战国后期，成都附近岷江，李冰。

郑国渠：战国后期，咸阳，郑国。

长城：秦朝，西起临洮、东至辽东，蒙恬。

2. 探究工程的卓越

老师板书：都江堰水利工程。

幻灯片展示：战国地图。老师：你能找出都江堰在秦国哪个方位吗？学生：秦国西南。两千多年前，秦国西南方的四川地区，生产工具十分落后，为什么要修建这样一个浩大的水利工程呢？

微课：岷江水滚滚而来的情景，西边泛滥成灾；东边旱灾情景；西涝东旱对比。

老师旁白：远古的四川是水旱灾害严重的地区，岷江洪水泛滥，成都平原就是汪洋一片，一遇旱灾又赤地千里、颗粒无收，岷江东岸的玉垒山阻碍江水东流，造成东旱西涝，改写四川历史的是谁呢？课件展示李冰画像。

学生：李冰是战国时期秦蜀郡守、古代著名的水利专家，是他主持修建了都江堰。

过渡：目睹岷江水患，一郡之首李冰心急如焚，治蜀先治水。李冰决定兴修水利工程，治理岷江，确保成都平原旱涝保收，于是修建了都江堰水利工程。

过渡：都江堰水利工程工作原理是怎样的呢？我们欣赏一段视频。看视频前，教师把全班同学分成三个小组：第一组分析工程的选址与修建；第二组分析都江堰水利工程由哪三个主体工程构成及各自的功能；第三组分析都江堰的特点。

播放"世界遗产都江堰"视频。

学生展示：由三个小组讨论后推出代表，完成并讲述选址与修建的合理性、功能、特点。

老师引导：在了解了都江堰的原理后，请同学们比较都江堰与其他水利工程的异同。

学生回答：都江堰建于成都附近岷江弯道处，具有选址合理、设计科学、无坝引水、自流灌溉、功能齐全(灌溉、防洪、运输)等特点。

老师总结：都江堰是一座综合性生态型水利枢纽，直到今天都灌溉着成都平原。这与两千多年后的中国共产党第十八届中央委员会第三次全体会议"紧紧围绕建设美丽中国，深化生态文明体制改革，加快建立生态文明制度，健全国土空间开发、资源节约利用、生态环境保护的体制机制，推动形成人与自然和谐发展现代化建设新格局"新时代生态价值观是一致的，可见其领先性。

老师提问：同学们能从都江堰水利工程这种生态水利工程上受到哪些启示呢？

学生讨论回答：人与自然只有和谐相处，才能双方受益，才能走可持续发展之路等。

老师过渡：都江堰水利工程使成都平原变成沃野，两千年来"天府之国"的美誉响彻中外。2008 年汶川地震，都江堰水利工程除鱼嘴发生裂痕外，并没有影响工程的正常运行，都江堰水利工程被联合国教科文组织列入世界遗产名录。

感受世界遗产委员会对都江堰评价的恢宏气势：(学生齐读)都江堰是全世界至今为止

年代最久、唯一留存、以无坝引水为特征的宏大工程。2200 多年来，仍发挥巨大作用。李冰治水，功在当代，利在千秋，不愧为文明世界的伟大杰作、造福人民的伟大水利工程。

那么，除了都江堰之外，秦国还修建了什么水利工程呢？

老师板书：郑国渠。

老师引导：请大家结合第 110 页"史海拾贝"和第 108 页地图，回答下列问题。

(1)郑国提出修建水利灌溉工程的初衷是什么？

(2)秦王知道真相后，为何还让工程修建完？

(3)秦王的做法使你得到什么启示？

老师提问：秦国修建都江堰和郑国渠有什么作用？

学生分析讨论回答：两座水利工程的修建，使秦国的经济得到发展，有了充足的物质作为保障，为秦灭六国、统一天下打下基础。

老师过渡：强大起来的秦国以摧枯拉朽之势灭了六国，建立起中国第一个统一的中央集权制的封建国家。为了进一步巩固统一的多民族国家，秦朝在北边又修建了哪一边防工程？

老师板书：秦长城。

(1)秦朝时，秦始皇为何把战国时赵国、燕国、秦国长城连接起来修建成秦长城呢？

(2)秦长城的起止点是哪里？

(3)有人说：万里长城是中国古代文明的象征，也是古代世界的伟大工程之一，体现了我们祖先的创造力。也有人说：万里长城是修建在无数老百姓尸骨上的，还影响了交通，隔断了当时内地与匈奴的交往。你同意哪种观点？

幻灯片展示：秦长城遗址图片、北京八达岭长城图片。

老师补充：我们现在可以看到的大多是明朝修建的长城，而不是秦长城。秦长城大部分已被毁坏，有的地方留有墙基痕迹。

学生：修建原因是防御匈奴进攻。起止点为西起临洮，东至辽东。长度为一万余里。走向为大体东西走向。历史价值为中国古代文明的象征，是古代世界历史上的伟大工程。

3．卓越工程学习之感悟

老师：今天，我们学习了我国古代卓越的三大工程：都江堰、郑国渠和长城。前面两个是水利工程，长城属于防御工程。你最欣赏哪一工程？说说你的感悟。

学生体会古代劳动人民的智慧和创造力，以及这些工程对当今的启示：当我们要建设宏伟而利民的工程时，也要注意保护生态，正确处理人类与自然的关系，走可持续发展之路。

【板书设计】

	工程	修建时间	地理位置	主持者
水利工程 {	都江堰水利工程	战国	成都岷江	李冰
	郑国渠	战国	咸阳附近	郑国
防御工程	长城	秦朝	西起临洮东至辽东	蒙恬

23 战国时期百家争鸣

（川教版初中历史七年级上册）

汤茂

【教学设计背景及学情分析】

本课内容为中国历史上第一次思想解放运动，上承战国时期的社会巨变，下启社会形态转型。异彩纷呈的思想主张，奠定了中国传统文化雏形。同时，依据教育心理学理论，初中生普遍具有好奇心，敢于表达自己的观点。但理性思维尚在建立阶段，缺乏正确的价值观。追本溯源，通过让学生学习"天人合一""自然无为""物我为一"等思想主张，领悟古人保护生态环境、追求生态平衡、达到人与自然和谐相处的智慧。本课既让学生了解了战国知识分子的思想主张，又体现了历史教育立德树人的核心价值理念，让学生树立尊重自然、顺应自然，可持续的发展观念，对解决人类生存危机具有特别的现代意义。

【环境教育渗透点】

K1 生态文明；K2 可持续发展；E4 植树与绿化。

【教学目标】

1. 知识与能力

让学生了解百家争鸣的思想主张，引导学生分析并理解百家争鸣的原因及影响，培养学生分析、评价历史事件的能力。

2. 过程与方法

通过创设情境、表格归纳，在争辩过程中培养学生叙述历史的能力和小组合作的能力，在比较中提高分析能力。

通过数字故事分析百家争鸣的原因，让学生学习从多角度分析历史的方法。

通过解读史料，理解百家争鸣的影响，培养学生获取有效历史信息的能力和论从史出的意识。

3. 情感态度价值观

通过本课的学习，引导学生尊重思想的差异性，培养学生开放、包容的人文素养，树立并传承中华文化的自信。同时，培养学生尊重自然规律及环境保护的意识，树立可持续发展观念及建设节约型社会的正确价值观。

【教学重点】

百家争鸣是中国历史上第一次思想解放运动，因此本课将百家争鸣的思想主张以及影响确立为重点。

【教学难点】

七年级学生的知识水平、认知能力有限，根据课标要求，本课将百家争鸣的原因及影响确立为难点。

【教学准备】

(1)学生在课前观看百家争鸣的微课视频。

(2)老师自制诸子卡片、制作多媒体课件。

【教学过程】

1. 课前预学，聚焦问题

老师让学生在课前观看百家争鸣的微课，该微课视频集中呈现战国时诸子百家的主要思想主张，且着重强调早在公元前475～221年，古代知识分子、有学识的人就提出了对自然规律、对人与自然关系的看法，深刻体现了祖先对环境保护的重视。

设计意图：历史课程改革从课内延伸到课外，为课堂深度学习、突破重难点做好铺垫，强化从古至今人类对环境的保护。

2. 设置悬念，激趣导入

上课开始，课件上出现小篆的"争"字，让学生猜测，进而以"说文解字"的方式对此进行解读。其实，我们可以把"争"分解为两个部分，上面是"爪"、下面是"抓"，双方正在激烈地抢夺同一事物，演化为现代汉字——"争"：是谁在争？争之缘由？争之影响？让我们带着这些疑问一起探究争芳斗艳——战国时期百家争鸣。

设计意图：通过"争"字的演化内涵，以设置悬念的方式，既抓住本课核心，也抓住学生的好奇心，激发其求知欲。

教师继续问：是谁在争？进入本课的重点——争之再现。

3. 搭建平台，感知思想

(1) 竞猜活动，预学检测。通过一个活动"人物竞猜"，要求学生依据关键词抢答且说明理由。

设计意图：营造了课堂的活跃氛围，在学生说的过程中，加深对代表性思想家思想观点的感知，如孟子主张不要过分捕捞鱼鳖，要按时令进山伐树，这样自然资源才能被持续利用。这是今天可持续发展、建设节约型社会的理论来源，既在教学中渗透环境保护理念，又为落实重点做好铺垫。

过渡：这些人到底怎么争？依据建构主义学习观，提倡在教师指导下通过情境教学，帮助学生主动建构知识。

(2)情境创设，再现争鸣。教师创设一个情景，通过组内讨论、汇报展示、吸收融合三个由浅入深的环节，让学生在实践中建构起"争"的内涵。

①组内讨论中，教师适时引导，培养学生叙述历史和小组合作能力。

②在汇报展示中播放视频。此时，鼓励学生展开激烈的争论、反驳，在学生互动中体现学生的主体作用。

③当学生唇枪舌剑之时提问：百家争鸣仅仅是相互批驳吗？引导学生自主阅读本课"史海拾贝"，了解各家文化相互间的吸收、融合，进而优化解决问题的方法。

设计意图：此过程既培养了学生的阅读能力，又从实践中自然建构起"争"的内涵，培养学生开放、包容的人文素养，达到本课教学立意。

激烈的辩论后也需要总结，让学生填一填表格(表23-1)，比一比异同。随后，教师引导学生领悟：早在战国时期，诸子百家就提出了如何处理人与人、人与社会、人与自然之间的关系等问题，正是思想的多元性，构成了战国的盛况——"争"，构成了今天我们对环境保护与重视的理论来源。庄子以"天人合一"作为人生追求的一种境界，把人与自然和谐相处作为人极重要的道德规范。孟子的"仁民爱物"对自然界生命充满了关怀；墨子提出"兼相爱，交相利"，主张人类将爱兼及自然，自然才会回报人类，反对奢侈的生活，主张节俭；荀子提出"天行有常，不为尧存，不为桀亡"，并主张"制天命而用之"，强调自然界的变化有其固有规律，不因人的主观意志而改变，但同时人类应按照规律办事等。

表 23-1　各学派基本信息

学派	代表人物	时期	主要思想
墨家	墨子(平民)	战国	兼爱、非攻
儒家			
儒家			
道家			
法家			

提问：作为新时代的知识分子，面对资源日渐枯竭，环境恶化，我们可以做些什么呢？

设计意图：此过程既落实了本课的重点(百家争鸣的思想主张)，又让学生体会到战国时期知识分子对保护环境提出的一系列进步主张，体现了强烈的时代责任感，同时渗透、反思保护生态平衡，节约有限资源，达到人与自然的和谐相处是每个人共同的责任。

在比较中自然得出争鸣盛况皆在战国，产生疑问？导出本课的难点——争之源起。

(3)数字故事，巧破难点。

①基于学情，以数字故事将抽象问题直观化、形象化，让学生直观感受战国社会巨变，有利于突破难点。

②要求通过数字故事写出关键词，培养其有效获取信息的能力。

③引导学生将关键词分类分析，让学生获得从政治、经济、思想等方面，多角度、系统分析历史事件的学习方法。理解战国时期百家争鸣发生的原因，随着铁器的使用和实施牛耕，政治上诸侯争霸，文化上大量私学兴起，进而使战国时期知识分子在学术领域形成不同观点，并产生争论。

设计意图：数字故事既可突破本课难点，又使学生可直观体验战国时期知识分子积极、勇敢的精神风貌，强烈的使命感及时代责任感。

战国时期社会巨变而引发学术领域的"争"带来了哪些影响呢？老师过渡到本课的第三板块——争之影响。

（4）史料研读，以古鉴今。史料是历史学习的重要方式，老师展示四则史料，其中两则源于课本。基于学情，要求学生通过找关键词的方式层层剖析百家争鸣对当时和当今的影响，并强调论从史出的学习方法。

材料一：这是一个生机勃勃、富有创造性的时代；在这一时代里，人们写下伟大的文学、哲学和社会理论著作，这也是中国古代文明形成的时代。

——斯塔夫里阿诺斯《全球通史》

材料二：长时间的百家争鸣造就出一批又一批以思想家为主体的学者，他们活跃在政治、外交、军事、学术、教育、科技、文学艺术等领域，为当时社会进步和文化发展做出了重大贡献。

——新版川教版初中七年级上册第 58 页

材料三：西南大学校报（第 30 期，第 01 版，徐松岩，图 23-1）。

图 23-1　材料三

材料四：这一时期创作出来的思想文化成果，丰富了中华民族和世界人类的精神宝库。这一时期的思想家提出和阐释的很多理念，至今仍深深地影响着中国人的生活。

——新版川教版初中七年级上册第 59 页

待学生发言后，引导学生领悟：百家争鸣不仅推动了当时社会的进步、文化的发展、社会的转型，也奠定了中华文化的雏形，这是一个富有创造性的时代。

同时，百家争鸣同印度、希腊共同构建人类文明的"轴心时代"，丰富了人类世界的精神宝库，至今仍深深影响着我们的生活，可让学生树立起对中华文化的自信和自豪感。

设计意图：此环节即落实了本课的重点——百家争鸣的影响，又注重引导学生通过横向对比、纵向联系的方法评价历史事件，树立对中华文化自信的正确价值观这一历史课程理念。

随后，依据材料四追问学生，百家争鸣如何影响我们的生活？

4. 拓展延伸，立德树人

要求学生以合作探究的方式写一写感想，紧接着，教师提炼其关键词，并呈现社会主义核心价值观，以和谐为核心，让学生领悟今天的我们，不仅人与人要和谐相处，同时人与自然也要共生共存、和谐相处，如果反其道而"妄作"，势必危害人类自身，并列举当今生活中自然对人类的惩罚事件。几千年来，人们为了和谐社会的理想而孜孜不倦地求索与奋斗，迸发的智慧之光留存至今。人只有认识了自然规律，尊重、顺应自然的人生观、生态观，才能更好地利用大自然为人类造福。

设计意图：让学生学会"借古鉴今"，践行社会主义核心价值观的责任感和使命感，自觉爱护环境，树立节约意识、维护生态平衡的正确价值观及可持续的发展观念，体现历史教育立德树人的教育本真。

正如习近平谈道：中华优秀文化传统已成为中华民族的基因，融入中国人的血液里，不仅要让它植根在当代人的内心，还要使其一代一代传承下去，发扬光大。

同时，立德树人的课改理念应该从课内延伸到课外，教师向学生推荐一些阅读的书目，让学生从多种渠道吸取中华文化的思想精髓，为本节课画上完美的句号。

【板书设计】

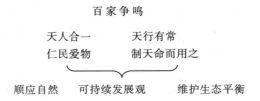

百家争鸣

天人合一   天行有常
仁民爱物   制天命而用之

顺应自然   可持续发展观   维护生态平衡

24　世界经济的奇迹

（川教版初中历史八年级下册）

沈鹏程

【教学设计背景及学情分析】

　　本课是川教版初中历史八年级下册《建设中国特色社会主义》的第四部分内容，上承我国改革开放的探索与实践，下接我国的特色社会主义道路建设。

　　中国共产党第十一届中央委员会第三次全体会议以后，党和国家确立了社会主义现代化建设的工作重点和改革开放的伟大决策。随后，我国的工业建设，铁路、公路、桥梁建设都取得了令世人瞩目的成就，国民经济高速发展，综合国力显著增强，创造了"世界经济的奇迹"。这些成就是对学生进行国情教育、爱国主义教育的重要材料。同时，为了保障国民经济的持续、高速、协调增长，国家还提出了实施可持续发展战略、西部大开发战略和东北地区老工业基地振兴战略。这些战略的提出和实施无不体现了党和国家本着实事求是、因地制宜、一切从实际出发的原则，推进国家的全面建设。本课关于可持续发展和生态环境保护的知识点，也有利于培养学生的文明史观和唯物史观。

　　八年级学生思维敏捷，乐于接受新知识，课堂表现较为活跃，阅读能力、理解能力、抽象思维能力也在不断增强。他们具有一定的收集、分析和处理资料的能力，但看待问题还不够全面，归纳概括能力还需提高。

　　因此，本课设计突出学生的主体地位，教师则通过课前预设，以材料(图片、数据等)为辅助，以问题作引导，通过讨论、探究等形式来突破本课的重难点。

【环境教育渗透点】

　　E4 植树与绿化；H1 能源危机；K2 可持续发展；K3 科学发展观。

【教学目标】

　　识记与理解：

　　(1)了解我国经济总量、经济增长的速度居世界的位次，理解我国的发展被称为"世界经济奇迹"的原因，理解可持续发展的含义；

　　(2)了解西部大开发战略的原因、内容；

　　(3)理解党中央对东北地区老工业基础实施的振兴战略。

　　能力与方法：

　　(1)通过分析对比数据、图表，培养学生处理历史信息的能力；

　　(2)初步学会运用相关的历史材料分析历史与现实问题，培养对历史的理解力；

　　(3)初步培养学生在文明史观的框架下，应用可持续发展观分析评价历史的能力。

情感态度与价值观：

(1)通过学习改革开放以来我国社会主义现代化建设的成就，增强学生报效祖国、建设祖国的信念；

(2)通过学习我国努力促进经济与人口、资源、环境的协调发展，使学生树立运用可持续发展理念建设家乡的观念。

【教学重点】

(1)国民经济的高速发展。

(2)西部大开发战略和振兴东北老工业基地战略的实施。

【教学难点】

(1)对可持续发展战略的理解。

(2)西部大开发与东北老工业基地振兴战略部署的内容和侧重点。

【教学准备】

(1)老师：收集改革开放以来家乡巨变的材料(数据、图片等)。

(2)学生：利用课余时间，了解家乡变化的情况。

【教学过程】

一、新课导入

图说变革：学生展示、交流课前收集的家乡图片，简单说说 30 年来家乡的变化和原因。

二、新课学习

1．国民经济的高速发展

(1)学生自主学习，完成表 24-1，阅读课文第 62～64 页，思考改革开放以来，我国在经济领域创造了哪些成就？

表 24-1　我国在经济领域创造的成就

类别	成就
粮食	占世界 7%的耕地解决了占世界 22%的人口吃饭问题
钢	钢年产量从 1996 年起连续突破一亿吨大关，跃居世界首位，2003 年达 2.2 亿多吨，令世界瞩目
石油	大庆油田稳产高产 20 多年
水电工业	水电工业取得辉煌成就——二滩水电站、长江三峡水利枢纽工程(2009 年全部竣工)
铁路	铁路骨干网络建设成就——亚欧大陆桥、京九铁路
高速公路	高速公路通车总里程 2003 年跃居世界第二位

(2)表说成就：表 24-1、表 24-2。

表 24-2　2001～2003 年我国与世界主要国家经济年均增长率比较

国家	美国	英国	法国	德国	意大利	日本	俄罗斯联邦	印度	墨西哥	埃及	中国
增长率/%	2.03	2.06	1.20	0.20	0.83	0.23	5.66	5.40	0.63	3.20	8.13

老师引导学生思考：以上数据说明了什么？

①中国只用了一代人的时间，取得了其他国家用了几个世纪才取得的成就；

②中国经济是世界经济的奇迹；

③经济的奇迹得益于中国共产党第十一届中央委员会第三次全体会议以来，党和国家确立了社会主义现代化建设的工作重点和改革开放的伟大决策。

老师：在国民经济高速发展的同时，我国也出现了一些发展不和谐的问题。

2. 可持续发展战略

问题 1（课件呈现）：人口基数大，资源有限，环境破坏严重。

学生讨论：两种声音你赞同哪一个，为什么？

①声音 1：一切以经济建设为重，破坏一点环境没什么大不了。

②声音 2：因发展经济而破坏环境必然受到大自然的惩罚！

结论：决不能"吃祖宗饭，断子孙路"。

知识拓展：介绍我国实施可持续发展战略的情况。

①可持续发展的内涵：1987 年，挪威首相布伦特兰夫人在《我们共同的未来》中，把可持续发展定义为"既满足当代人的需要，又不对后代人满足其需要的能力构成危害的发展"。

②可持续发展的特征：可持续发展鼓励经济增长，因为它体现国家实力和社会财富；可持续发展要以保护自然为前提，与资源和环境的承载能力相协调；可持续发展要以改善和提高人民生活质量为目的，与社会进步相适应。

③可持续发展战略的确立：1996 年 3 月，第八届全国人民代表大会第四次会议将"可持续发展"正式确定为中国经济和社会发展的两大基本战略之一。

3. 西部大开发战略的实施

老师展示问题 2 的材料。

以 1998 年为例，西部地区国内生产总值占全国的 14%，不足中部地区的 1/2 和东部地区的 1/4；人均国内生产总值为 4159 元，比东部和中部地区分别低 7374 元和 1240 元；每百平方公里土地铁路和公路里程分别为 0.55km 和 6.97km，比全国平均水平分别少 0.87km 和 6.35km，比东部地区分别少 2.76km 和 28.5km；城镇居民人均实际收入 4305 元，低于全国平均水平 1153 元；人均消费支出 3550 元，低于全国平均水平 782 元，低于东部地区 1678 元……

思考：以上数据告诉我们什么问题？

东、西部地区人均收入差距大，经济发展极不平衡，严重影响中国经济和社会的全局性健康发展。

合作探究：针对上述问题，我国采取了什么措施应对？

实施西部大开发战略的重点为加大对基础设施建设的投入；根本点为生态环境的保护和建设。

教师：以家乡的变化和发展为依据，谈谈西部大开发战略给你的感受是什么？

学生：促进了家乡的经济社会发展，人们的生活水平提高……

知识延伸：为什么国家把生态环境的保护与建设作为实施西部大开发的根本点？

西部地区地处内陆边疆，自然条件差，区内高原、大山、沙漠众多，为控制水土流失和沙漠化趋势，恢复草原植物，故在西部大开发中，国家把生态环境的保护与建设作为根本点，大力实施退耕还林、荒山造林、退牧还草、沙漠化治理等生态建设工程。

4. 东北地区老工业基地振兴战略的实施

老师展示问题 3 的材料。

2002 年，东北三省共有 3346 家企业发生亏损，占企业总数的 29.9%；有 1228 家企业的盈利为零，占 11%；有 1580 家企业的盈利在 10 万元以内，属微利企业，占 14.1%；有 1755 家企业的盈利为 10 万～50 万元，占 15.7%；有 823 家企业的盈利为 50 万～100 万元，占 7.4%；盈利超过 100 万元的企业只有 2435 家，占 21.8%，其中，盈利超过 1000 万元的企业仅 487 家，占 4.4%。

老师：以上数据告诉我们什么问题？

东北地区的企业多是在计划经济体制下建立的，存在设备老化、技术落后等弊端，缺乏竞争能力。

老师：针对上述问题，我国采取了什么措施应对？

学生：①加大对重点建设项目支持的力度；②加快产业结构的调整；③加快为失业人员建立社会保障体制；④吸引外资参与老工业基地改造。

老师和学生合作探究：为了确保我国经济的持续快速发展，我国所采取的战略体现了党和国家的什么工作作风？

学生：①实事求是；②因地制宜；③一切从实际出发；④注重生态文明建设。

三、课堂小结

学生分享本节课的收获。

四、课后拓展

根据本课所学知识，以小组为单位，学生自主选择从经济社会发展的某一个方面调查家乡的建设发展情况，形成调查报告，并从生态文明的角度提出一些合理建议。

五、课后反思

(1) 本课乡土历史图片的使用，拉近了历史课本同现实生活的距离，激发了学生对历史学科的学习兴趣。

(2) 本课中大量史料的应用，以及以问题为牵引的教学设计，突出了学生的主体地位。学生在解读史料、解决问题的过程中，也逐步养成了论从史出的素养。

(3) 历史学科的教育意义在于最大程度地发挥其人文功能。本课所涉及的我国经济发展的成就，以及对可持续发展理念的拓展，有助于培养学生的文明史观和唯物史观。

（4）历史学科的厚重对历史教师提出了更多、更高的要求，今后我们还要立足于在生态文明视野下开展历史教学，让更多的环保元素融入历史课堂。

【板书设计】

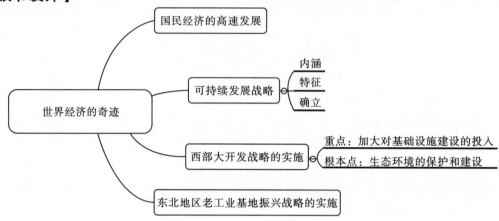

25 第一次工业革命

（川教版初中历史九年级上册）

杨景华

【教学设计背景及学情分析】

本课是川教版初中历史九年级上册世界近代史(上)《工业革命》的内容，上承欧美国家的巨变与殖民扩张，下接资产阶级统治的巩固与扩大，工业革命是人类历史发展长河中璀璨的篇章，深刻而深远地影响着人类和世界的走向。

18世纪至19世纪，科学技术发展迅速，一系列新的发明创造改变了人类社会的面貌和人们的生产生活方式。从资本主义制度发展巩固的角度看，早期进行工业革命的英、法、美等主要资本主义国家经济取得飞速发展，资本主义生产制度取得统治地位，主要资本主义国家发展成为强大的工业国家，甚至影响和左右着后来世界历史的发展趋势；从人类文明发展的角度看，工业革命以机器生产代替手工劳动是生产技术上划时代的改革，它极大地提高了社会生产力，形成了近代资本主义大机器生产的工业、贸易、交通体系，奠定了近代资产阶级文明的基础。然而，我们也应该理性地看到，工业革命促进了城市化进程，也带来交通拥堵、滥用资源、环境污染等问题。本课在工业革命教学中渗透环境污染和生态文明等相关知识点，有利于培养学生从文明史观和唯物史观的角度更全面地了解工业革命的意义，提高学生论从史出的素养。

九年级学生属于青春发展期，躁动而好奇；个性心理、探索精神、理性思维能力有较大提高；史料的阅读能力、理解能力、分析能力也在不断增强。他们具有一定的收集、分析和处理资料的能力，但看待问题还不够全面，归纳概括能力仍需提高。

因此，本课设计突出学生的主体地位，教师则通过课前预设，以材料(图片、数据等)为辅助，创设了走近工业革命故乡的情境，以参观展览推进，以问题为引导，通过讨论探究等形式来突破本课的重难点。

【环境教育渗透点】

B2 大气的主要污染源和污染物($PM_{2.5}$、PM_{10})；H2 不可再生能源资源；I1 交通污染；K1 生态文明。

【教学目标】

识记与理解：

(1)记住工业革命首先开始的国家和时间，掌握哈格里夫斯发明"珍妮纺纱机"、瓦特改进蒸汽机、富尔敦建造第一艘汽船、史蒂芬孙发明蒸汽机车的基本知识点；

(2)认识蒸汽机在大工厂生产中的作用和铁路给人类社会带来的巨大影响；

(3)理解工业革命的概念和英国首先发生工业革命的原因，以及工业革命对人类社会发展进程的重大影响。

能力与方法：

(1)通过对英国最早发生工业革命的原因和工业革命对人类社会发展进程的重大影响的分析，培养学生分析、归纳、概括历史问题的能力和辩证地看待工业革命成果的意识；

(2)通过对工业革命中一系列工作机相互作用以及各部门间相互促进的认识，培养学生运用比较、判断、联系、推理分析历史的方法。

情感、态度与价值观：

(1)通过了解工业革命中的一系列发明创造，培养学生的创新精神和科学态度；

(2)通过了解工业革命对人类社会带来的巨大变化，使学生认识社会发展需要技术革命，科学技术是第一生产力；

(3)通过对工业革命成果积极和消极的辨析，让学生意识到人类的工业文明进程必须同生态文明相统一，使学生树立绿色的可持续发展理念。

【教学重点】

本课的教学重点是英国最早进行工业革命的原因，了解工业革命中的重要发明创造及工业革命的影响。

【教学难点】

本课的教学难点是工业革命中各环节的相互促进作用，认识工业革命的影响及对后世的启示。

【教学准备】

老师制作数字故事、教学课件，学生准备"瓦特的故事"，课前根据导学提纲，各小组分别选择一个"图说历史"话题开展自学。

【教学过程】

1. 时事引入

老师：同学们，现在让我们通过一段数字故事《超级国事访问》，开启今天《第一次工业革命》的学习。

播放数字故事：《超级国事访问》。

老师(过渡)：2015 年习主席出访英国，开启了中英交往的黄金时代。今天就让我们沿着习主席的脚步，走进工业革命的故乡——英国，去感受第一次工业革命，探究工业革命的影响和启示。

2. 感知工业革命

(1)老师：今天，我们将走进伦敦科学博物馆，这里向我们展示了工业革命的成果。

老师：让我们随着"导游"(学生扮演)步入 1 号展厅，首先映入我们眼帘的是四张图片。现在就让我们一探究竟。

"导游"出示图片，根据图片，学生得出结论。

学生：图(a)展示的是资本主义制度在英国的确立；图(b)展示的是圈地运动提供了大量的自由劳动力。图(c)展示的是海外市场的强大需求。图(d)展示的是手工生产力严重不足。

(2)老师(归纳过渡)：这些既是工业革命首先在英国开始的背景和原因，也是英国迫切需要提高社会生产力的直接动力。接下来英国人做了些什么？请大家走进2号展厅。

学生：1733年，约翰·凯伊发明了飞梭。

"导游"：飞梭的发明，标志着棉纺织业率先进行了技术革新。随后，1765年，哈格里夫斯发明珍妮纺纱机。

学生：对比旧式纺车和珍妮纺纱机可知，大机器替代手工生产。

老师小结：珍妮纺纱机的诞生揭开了工业革命的序幕。围绕技术革新，英国人还在继续。

"导游"出示：珍妮纺纱机、水力纺纱机和骡机对比图片和表格。老师引导学生找出差异，提出疑问。

(3)"导游"：英国人是如何解决机器动力问题的？让我们步入3号展厅，一幅瓦特的图片映入眼帘。为什么会给予瓦特如此高的评价呢？

学生：分享课前收集的"瓦特的故事"，从而引出瓦特改良蒸汽机。

老师：随后，英国工场手工业基本上被大机器生产所取代。纺织业、采矿业、印刷业、机器制造业等也纷纷开始以蒸汽为动力。与此同时，许多国家也先后进行了工业革命。工业革命在全世界范围内的扩展将人类带入"蒸汽时代"，请大家进入4号展厅。

(4)学生：1807年，美国人富尔顿发明了第一艘汽船"克莱蒙"号。

老师(过渡)：生产力的提高也迫使交通领域发生技术革新。随后，在河流和海洋中都能看到满载人员或是货物的汽轮。"汽轮时代"来临。

"导游"：陆路交通方面，1814年，史蒂芬孙发明了世界上第一辆蒸汽机车"旅行者"号。随后，铁路开始覆盖欧洲，成为人们的主要出行方式。"铁路时代"来临。

老师：工业革命中，最具影响力的关键发明是什么？说说理由。

3. 感悟工业革命

老师(过渡)：工业革命的成果推动着人类文明的演进，也深刻影响世界的发展。现在我们就通过几组材料来感悟工业革命的影响。

小组代表回答学习结果，教师见机引导。

(1)图说历史 1(屏示英国纺织工厂图片)。资产阶级在不到一百年的阶级统治中所创造的生产力，比过去创造的全部生产力还要多、还要大(《共产党宣言》)。

老师引导，学生得出：机器生产替代手工劳动，提高了社会生产力。

(2)图说历史 2(屏示英国工矿企业图片)。老师引导，学生得出：大型工厂企业的出现。老师再次引导学生观察圈出的部分，图片中还能获得什么信息？学生得出：高耸密集的烟囱，时刻向天空排放黑烟，严重污染大气。

(3)图说历史 3(屏示世界贸易图片)。老师引导，学生得出：密切了世界各地的联系，加速了世界市场的形成。

(4)图说历史 4(屏示英国城市兴起图片)。机器生产使英国出现曼彻斯特、伯明翰、利物浦等新的城市，也促使旧的城市发展。大量的工人做工，商人经商，城市人口迅速增长。老师引导，学生得出：城市兴盛、人口增长(川教版历史教师用书)。

(5)论从史出：根据下列材料，分析工业革命对英国的影响。

英国自工业革命后，在世界工业、贸易、海运和金融方面，都处于垄断地位，是各国工业制成品的主要供应者，又是世界各国出口原料的最大购买者，成为世界加工厂，故被称为"世界工厂"。

老师引导，学生得出：英国成为强大的工业国家。

(6)对比分析：同时期英国和中国的对比分析如表 25-1 所示。

表 25-1　同时期英国和中国的发展状况对比分析

国家	发展状况	影响
英国	新兴的资本主义制度得到巩固，资本主义生产制度取得统治地位	影响世界历史的发展趋势
中国	闭关锁国，加强封建专制集权	落伍于世界，拉大同英国等发达国家的差距

老师引导，学生得出：拉大了中国同工业强国的差距。

(7)论从史出：如何看待工业革命对亚洲、非洲、拉丁美洲国家的影响？

小组讨论，老师引导。

学生得出：辩证地看，工业革命一方面加速了弱小国家沦为殖民地；另一方面，列强对其殖民掠夺的同时也不可避免地将西方先进工业技术带到这些地区。

(8)以史明志：工业革命对中华民族伟大复兴征程的启示？老师引导学生得出：科学技术是第一生产力，发展必须以科技为动力；发展必须坚持勤于思考、坚持不懈、勇于创新等优秀品质；发展必须坚持工业文明同生态文明同步……

4. 学习整理

(1)制作本课的学习提纲。

(2)提出 1 个或 2 个值得思考的问题(根据个人情况选择 1 个)。

5. 实践活动

学生在本市选择一个工厂或生产企业，分小组做调查，写调查报告(内容要包括该企业的基本生产经营情况、应用的主要科技成果、给环境带来的影响及建议等)。

【板书设计】

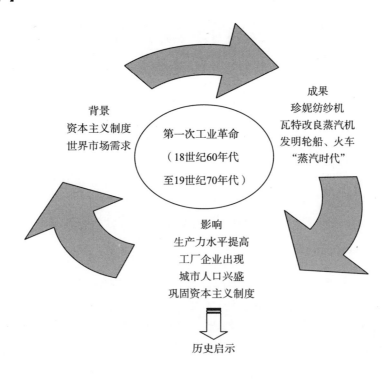

背景
资本主义制度
世界市场需求

第一次工业革命
（18世纪60年代
至19世纪70年代）

成果
珍妮纺纱机
瓦特改良蒸汽机
发明轮船、火车
"蒸汽时代"

影响
生产力水平提高
工厂企业出现
城市人口兴盛
巩固资本主义制度

历史启示

26 反法西斯战争的胜利

（川教版初中历史九年级下册）

唐莉

【教学设计背景及学情分析】

本课是世界现代史的内容，介绍了第二次世界大战(简称二战)的爆发、扩大、转折以及胜利。其中"开罗会议""德黑兰会议"属于阅读部分，主要通过学生自主学习来完成，本课的重点是"雅尔塔会议"和二战胜利的原因、启示的分析。对于战争，学生一般知道它对财产和生命的灾难性影响，但是很少从生态角度去思考。我们通过两次工业革命的学习，已经知道科技是把双刃剑，但到底影响有多大，学生是很难真正认识到的。

九年级的学生对于二战是有一定知识储备的。但由于他们对战争的了解是间接获取，缺乏感性的认识，因此对于战争的残酷性、破坏性，认识不深刻，在看到战争破坏性的相关视频时，还有学生嬉笑。鉴于此，本课准备了大量的材料，在授课过程中，一步步深入，配合图片等资料，让学生真正产生共鸣，达到情感与价值观的提升。

【环境教育渗透点】

B3 大气污染的危害；G1 土壤污染；K3 科学发展观。

【教学目标】

1. 识记与能力

让学生了解二战的主要进程、《联合国家共同宣言》和雅尔塔会议等国际会议，理解世界人民反法西斯战争的艰巨性和胜利原因。

2. 过程与方法

通过讨论世界反法西斯战争取得胜利的原因，增强学生自主学习的能力，培养其分析能力、口头表达能力。通过对战争中新式武器的使用与战争进程的关联性的分析，加深学生对科技这把双刃剑的认识。

3. 情感态度与价值观

通过了解二战给世界人民带来的巨大灾难，使学生认识战争的残酷性、破坏性，树立反对战争、热爱和平、保卫和平的信念，引导学生关注当今"和平与发展"的问题，注重环保。

通过学习世界反法西斯战争的胜利，使学生认识正义必将战胜邪恶，认清历史发展的趋势，形成正确的历史观。

【教学重点】

本课教学重点是雅尔塔会议。

【教学难点】

本课教学难点在于对二战的评价。

【教学准备】

老师准备多媒体课件及相关视频。

【教学过程】

老师导入新课(回顾上节课的内容,斯大林格勒保卫战的胜利迎来整个二战的转折:战争主动权已经转到世界反法西斯同盟的一方)。为了加速打败法西斯并商讨战后合作事宜,1943 年冬,反法西斯同盟内部先后召开了两次重要会议。

一、开罗会议和德黑兰会议

学生自主完成表 26-1。

表 26-1　开罗会议和德黑兰会议基本信息

会议名称	与会国	参加会议人员	时间	主要内容

合作探究:根据表 26-1 思考,两次会议的召开对世界反法西斯斗争有着怎样的意义?

教师补充强调开罗会议还具有重要的现实意义:《开罗宣言》明确规定日本所占的中国领土必须归还中国,为战后处理日本问题提供了重要依据。这也明确了台湾是中国领土不可分割的一部分,是反击"台独"言论有力的国际文件。

合作探究:第一战场在哪里?什么是第二战场?

欧洲第一战场指苏德战场,在这里,主要是苏联与德国作战;第二战场则指西欧战场,主要是英、美对德国作战。

二、欧洲第二战场的开辟——诺曼底登陆

当时,希特勒认为盟军在加来登陆的可能性较大,因为这里海面狭窄,距英国海岸只

有 20 海里（1 海里＝1852 米），而诺曼底距英国海岸近 65 海里，缺少良好港口，不利于部队行动，因此他把重兵部署在加来一带。

在登陆前，盟军制造了要在加来登陆的假象，使德军对盟军将在加来登陆深信不疑，放松了对诺曼底的防御。1944 年 6 月 6 日凌晨，诺曼底登陆正式开始。

老师（播放视频）：诺曼底战役是有史以来规模最大、组织最复杂的两栖登陆战役。在这次战役中，盟军伤亡 12.2 万人，德军伤亡和被俘 11.4 万人。诺曼底登陆的成功有什么作用呢？

随着欧洲第二战场的开辟，盟军节节胜利。1944 年 8 月，巴黎解放，法国光复。1945 年初，苏军和英、美、法盟军从东西两面几乎同时攻入德国境内。德国法西斯四面楚歌，败局已定。为了加快战争的最后胜利和解决战后重大问题，苏、美、英三国首脑召开了雅尔塔会议。

三、雅尔塔会议

学生自主学习：雅尔塔会议的内容、作用和影响。

作用：协调了盟国的行动，加快了战争进程。

影响：实际上划分了战后世界的势力范围，确立了战后世界两极格局。大战结束后，美、苏两国依据雅尔塔会议的原则，重新划分世界，形成了美苏对峙、两分天下的格局，对世界历史产生深远的影响。

雅尔塔会议后，反法西斯力量的进攻更为迅猛，二战最后以德国和日本的投降而告终。

四、德国和日本投降

学生阅读教材《波茨坦公告》。

合作探究：部分日本人认为，日本是世界上唯一遭受原子弹袭击的国家，是二战的受害者，你怎么看？

时至今日，我们仍然坚决反对使用核武器，因为其强大的破坏力会给人类造成无法估量的损失。虽然日本遭受了原子弹的袭击，也不能减轻其对人类所犯下的滔天罪行，更重要的是日本本来就是二战的发动国之一，法西斯国家的侵略扩张是二战爆发的主要原因。因此，日本所遭受的灾难从根本上说是由日本法西斯自己引起的。

五、二战的性质和影响

学生自主学习，思考二战的性质和影响。

1. 性质

二战是一次世界范围内的反法西斯的正义战争。这场战争以反法西斯力量的胜利而告终，请同学们想一想，取得这场战争胜利的原因有哪些呢？

老师（归纳）：

(1) 法西斯国家发动的是侵略战争，反法西斯国家和人民进行的是正义战争；

(2) 世界反法西斯同盟的形成，加强了反法西斯的力量；

(3) 包括中国人民在内的反法西斯国家人民的英勇奋战。

　　世界人民团结一致，共同对敌，是取得胜利的根本原因。中华民族是抗击日本法西斯的主要力量，做出了巨大的牺牲，为世界反法西斯战争的胜利做出了不可磨灭的贡献。

　　2. 影响

　　二战历时 6 年之久，先后有 61 个国家和地区、20 亿以上的人口被卷入战争，作战区域面积达 2200 万平方千米。二战使许多城市和村庄被夷为平地，生灵涂炭。因战争死亡的军人和平民人数约为 5000 万，直接军费开支总计 1.1 万亿美元，参战国物资损失总价值达 4 万多亿美元。二战以巨大的破坏力使世界遭受了一场空前严重的浩劫。而且，随着科技的发展，更多新式武器运用于军事，造成了大规模的环境破坏，如两次世界大战中的生化武器(使用落叶剂破坏敌方生态环境、贫铀弹辐射、电子战电磁辐射、细菌基因等生态污染)及原子弹的强大破坏力(核辐射)。因此，联合国将每年 11 月 16 日定为"控制战争影响环境日"。战争摧毁了法西斯主义，教育了各国人民，争取和平和进步的思想日益深入人心。二战的胜利，使国际格局发生了变化，帝国主义阵营被严重削弱，社会主义阵营形成，民族解放运动兴起。这次战争促使第三次科技革命的到来，促进了国家垄断资本主义的发展，促使科学技术用于和平事业，推动了人类文明的进步。

　　因此我们说，二战的胜利使人类结束了一个动荡的时期，迎来了和平与发展的新阶段。通过对二战影响的分析，使学生学会多角度地思考、分析事物，增强辩证、分析问题的能力。

　　课堂小结：二战的硝烟已经散去了 60 多年。回顾历史，回首二战，避免战争、争取和平与发展，成为当今全人类的共识。

【板书设计】

一、开罗会议和德黑兰会议

二、欧洲第二战场的开辟——诺曼底登陆

三、雅尔塔会议

四、二战结束——德国和日本投降

五、二战的性质和影响

美术
Meishu

27 生命之源——水

（人美版初中美术七年级上册）

龚媛

【教学设计背景及学情分析】

　　水是人类赖以生存和发展的重要资源之一，是不可缺少、不可替代的特殊资源。没有水就没有生命。当今世界，随着人口的不断增长和经济的不断发展，淡水资源的需求量不断增加；同时，由于不合理的利用，本来短缺的淡水资源日益减少。

　　我国是世界上 12 个缺水国之一，人均水资源不足世界人均水资源的 1／4，世界排名第110 位。目前，我国每年因缺水造成农业减产约 15002×10^7 亿斤。同学们都认为：祖国地大物博，资源丰富，水是循环反复、取之不尽、用之不竭的可再生资源。水资源普遍短缺的严酷现实，在现行教材中反映得却很少。因此，部分学生节约用水的意识很淡薄，浪费水的现象依然存在。《美术课程标准》在对"综合、探索"学习领域的说明中指出："在教学过程中，应特别注重以学生为主体的研讨和探索，引导学生积极探索美术与其他学科、美术与社会生活相结合的方法，开展跨学科学习活动。"因此，本课应引导学生发挥小组合作的优势与力量，围绕水资源这一主题开展丰富、广泛的研讨活动，既有对水资源知识、现状的探究，也有对美术表现形式的实践创新。教学活动不局限于课堂，也可以让学生走出课堂，到实际生活中去调查分析，获得体验。

　　七年级的学生对身边事物的好奇心强，喜欢探索未知领域，他们热爱小组活动，对各种探索研究富有兴趣。同时，七年级学生也具备一定的思考、分析能力，能够对收集的资料进行初步研讨活动。学生在调查中容易出现随意性和盲目性大而指向性不强的问题，需要教师在课前给予提示引导。本学段学生经过几年的学习，具有一定的美术知识与表现能力，能够运用所学知识进行有主题的创作，能在作品中表达一定的思想情感，这为他们进行以水资源为主题的创作打下了基础。

【环境教育渗透点】

　　A4 节水技术与措施。

【教学目标】

　　1. 知识目标

　　了解水资源的珍贵及水资源的现状，了解干旱型缺水和污染型缺水；综合运用美术知识和技能，以保护水资源为主题，设计制作手抄报，进行宣传与表达。

　　2. 能力目标

　　学生通过调查、收集、整理研究、交流、实践等学习活动，了解水资源的相关知识，学会设计、制作手抄报，进行宣传与表达。

　　3. 情感目标

　　(1)培养同学们强烈的社会责任感和保护水资源的意识。

　　(2)教育同学们从我做起，从现在做起，宣传节约用水，养成节约用水的好习惯，研究设计节水方案，激发学生对水资源保护和循环利用的兴趣，从而培养学生对相关科技知识进行探究的兴趣。

【教学重点】

　　本课的教学重点是了解保护水资源的必要性，提高保护环境的意识，感受美术对社会和生活的独特作用。

【教学难点】

　　本课的教学难点是综合运用美术知识与技能，制作版式新颖、美观的手抄报。

【教学准备】

　　老师准备图片资料、视频资料、宣传广告等。

【教学过程】

　　课前活动：课前给学生分配调查任务，并要求学生以美术的表现形式进行整理与汇报。

　　小组 1：调查我国水资源现状。

　　小组 2：水是怎样到达你家中的？

　　小组 3：水在生活中有什么用途？

　　小组 4：我们生活中有哪些浪费水的现象？

　　小组 5：保护水资源我们能做些什么？

　　教学过程如下。

　　1. 视频导入

　　活动：猜一猜

　　教师出示一段配乐动画视频。

　　老师：猜一猜，动画中的蓝色小人表现的是什么？　学生：水。

　　2. 交流研讨

　　让学生了解水资源。水是地球上珍贵的资源。老师：让我们听一听同学们关于水资源的调查和介绍。

　　小组 1：我国水资源分布不均，大量淡水资源集中在南方，北方大部分地区严重缺水。全国有近一半的城市缺水。但是近几年，南方也出现了干旱缺水的现象（出示绘画中的中国地图，以蓝色、黄色和红色涂色，标注水资源分布状况）。有些地方出现了水源污染导致居民饮用水短缺。

　　小组 2：通过绘画作品展示水从湖泊中被抽出，经过水厂、地下管道等走进家庭的过程。

　　小组3：运用图片进行说明，除了生活用水，还有用于生产的工业用水和用于灌溉的农业用水。

　　针对小组3的汇报，教师补充知识，欣赏图片。学生通过观察图片，了解保护树木、垃圾分类、少用化学制品等都有利于保护水资源。

　　小组4：学生展示图片，请大家猜一猜哪些是浪费水、污染水的情况，并出示调查表。

　　老师提问：在日常生活中，可以做哪些力所能及的事情来节约用水、保护水资源呢？

　　小组5：介绍水资源的保护措施。结合自己的实际生活说一说：生活用水的循环利用、尽量用淋浴洗澡，水龙头漏水要告诉大人及时维修。衣服集中洗涤，盆浴后的水可用于冲洗厕所、拖地等。

　　3．观察、探究新知

　　(1)引发思考：保护水资源这么重要而急迫，我们可以用学过的美术技能让人们了解这些情况吗？

　　(2)小组观察讨论：课件出示手抄报。①手抄报由哪几部分组成？②版式可以怎样变化？学生讨论，得出结论：手抄报由报头、文章标题、文章、题花、插图、装饰花边组成。③可以在手抄报中安排哪些内容？手抄报的内容可以包括水资源知识、节水方法相关文章，节水宣传画，浪费水资源情况调查表，干旱的图片及表现水的美术作品等。

　　4．教师演示

　　师生互动，学习设计手抄报的设计要点(利用比较分析法)。

　　5．综合运用、艺术实践

　　老师布置任务：以小组合作的方式，设计制作一份以"节水爱水"为主题的手抄报。

　　6．展示评价、交流展评

　　(1)在班级墙上或黑板上张贴手抄报。

　　(2)请学生说一说，你印象最深刻的手抄报是哪张，为什么？

　　7．拓展延伸

　　老师用视频展示运用水墨方法表现的节水公益广告，学生欣赏。

【板书设计】

生命之源——水

水——分布现状

水——使用过程

水——用途

水——浪费现象

水——保护措施

28 纸盒变家具

（校本课程初中美术七年级下册）
吴青梅

【教学设计背景及学情分析】

根据《美术课程标准》所确立的阶段可知，《纸盒变家具》一课属于"设计、应用"领域。通过对生活中商品包装盒的再利用、再创造，变纸盒为家具。学生对家里的废旧物品可以充分利用，取材方便，学生非常乐于进行这个活动。该课可使学生的个性及创新精神得到发展。学生们对这些废旧材料并不陌生，在观察、思考、分析与交流的过程中，使学生在动手实践中接触和了解"物以致用的设计思想"。

【环境教育渗透点】

C2 废物处理方法与垃圾"三化"。

【教学目标】

（1）认知目标：通过观察、思考、分析与交流，使学生在动手实践中初步接触和了解"物以致用"的设计思想。

（2）能力目标：在运用设计和工艺的基本知识和方法进行家具制作的过程中，感受材料的特性，提高动手能力，培养创新意识。

（3）情感目标：在制作过程中体会创造活动的乐趣，初步接触和了解"变废为宝"的设计思想，唤起学生保护环境的意识。

【教学重点】

本课的教学重点为打开学生的思路和创作欲望，使学生能从纸盒的造型中展开联想，动手设计和制作家具作品。

【教学难点】

本课的教学难点为家具作品的新颖、美观，造型多样。

【教学准备】

（1）教师准备课件及制作范例。

（2）学生收集各种家具图片、家具的文化；准备各种尺寸的商品包装盒及彩色纸、剪刀、胶水等。

【教学过程】

一、组织教学，课前参与

小组研究：展示家具图片。

（1）请学生认一认图片中的家具是用什么材料做的？木头、金属、玻璃……

（2）你们收集的图片是什么家具的？这些家具最有特点的地方是什么？它们由哪几部分组成的？

（3）继续欣赏不同造型的同类家具。例如多种造型的椅子，说说椅背有哪些样式？椅面有哪些形状？椅腿有什么不同？你能想出和它们不一样的造型吗？

（4）古代家具与现代家具对比欣赏，了解家具文化。

现代的家具和古代的家具有哪些地方不同（功能多、造型简洁、色彩丰富、材料多样）？

老师介绍家具文化：家具的产生，家具材料的多样性，不同年代家具的风格。

二、课中研讨

1. 探究纸盒家具

老师用图片展示废旧纸盒对环境的破坏，提问："孩子们，你们有什么感受？""谈谈怎么保护环境。"出示纸盒家具。

（1）请大家猜猜这里有什么？

老师：快快打开看看！

学生：是用纸盒制成的椅子、床、柜子、书架……

（2）现在请各小组来研究一下，你们面前的家具是用哪些形状的纸盒制作的？使用了什么方法？

学生分小组研究，可拆开分析。小组教具包括：铁丝、椅子、药盒、写字台，纸盒、光盘、桌子，牙膏盒、沙发，酸奶瓶。

（3）分组介绍，总结制作方法。教师课件展示制作方法：挖、刻、折、剪、装饰粘贴、插、组合。

2. 分小组研究创作

（1）请各小组选择一套家具，全组分工合作完成。

（2）小组研究讨论：分别说说家具各部分的形状？选择适合的纸盒，想想用什么方法制作家具？老师展示图片，提出思考问题：你还能想出和作者不一样的制作方法吗？

（3）学生讨论交流。

（4）你认为制作纸盒家具都应该注意什么？

（5）老师播放课件，让学生欣赏多种纸盒家具作品，例如椅子的多种制作方法。

3. 学生绘画

作业要求：各小组合作制作一套造型新颖、漂亮的家具，并将它们布置在你们的"新家"中。

4. 展评

全班家具展览会，为最好的作品投票，评选出集体奖和家具设计奖。

5. 小结：环保渗透

生活中很多的废弃物经过艺术家的设计，可以成为艺术品。大家在把废弃物丢进垃圾桶前是不是也考虑一下，能不能经过你的创思和灵巧的手改变它们的命运呢？希望同学们争做环保小卫士，不但能节约资源，还能让生活处处充满乐趣。

三、课后延伸

(1)欣赏：这些家具是用什么材料制作的？

(2)拓展：用我们灵巧的双手还可以将废旧纸盒制作成什么艺术作品？

(3)请大家在生活中找一找利用废旧材料创作艺术品或生活用品的实例。

【板书设计】

纸盒变家具

材料、构成、造型

（用途功能多，造型简洁、色彩多样）

挖、刻、折、剪、装饰粘贴、插、组合

29 "恐龙化石"拓色生辉

（人美版初中美术八年级下册）

曾燕燕

【教学设计背景及学情分析】

　　版画是绘画的重要形式之一，它是一种间接的绘画形式，通过制版与印刷来完成，属于"造型、表现"学习领域。这节课属于版画中的"原版擦色版画"，运用撕贴纸板制版及擦色的原理，让学生理解凸版画的制作过程，引导学生运用绘画语言进行创作，在学习中自由抒发情感，表达个性，在提高学生动手能力的同时，提高学生的审美能力和表现能力。

　　本课以《"恐龙化石"拓色生辉》为载体：①因为恐龙是自贡的特色，是自贡的名片，美术课程与地方特色相结合是我们一直倡导的；②以恐龙灭绝为警钟，呼吁保护环境人人有责，这是关于可持续发展和生态环境保护的知识点，养成学生保护生态的意识，培养其责任感。

　　八年级学生思维敏捷，动手能力强，课堂表现较为活跃。针对恐龙灭亡是自然原因，引导分析出现在很多物种也在相继灭亡的原因，明白除自然因素外，更多的是人为的环境破坏造成的。本课不但可增强学生审美及创新的能力，还能在学习过程中培养学生热爱大自然，加强其环境保护意识，有利于培养学生的人文素养。

　　本课的设计突出学生的主体地位，教师则通过图片、数据等，拓展、升华保护生态环境的重要性。

【环境教育渗透点】

　　E5 保护野生动物。

【教学目标】

　　知识与技能：学生学习拓画的成像原理、表现手法、制作过程和方法，认识拓画的审美特征。

　　过程与方法：学生通过讨论和深入分析，认识拓画的独特美感；通过练习撕、拓的过程，掌握点、线、面、肌理等美术语言在拓画中形成的色彩关系的艺术效果；了解生活中的美无处不在。

　　情感与价值观：认识恐龙是自贡"小三绝"之一，与拓画相结合，让学生感受"龙之乡"的独特魅力，对学生进行环保教育。

【教学重点】

本课的教学重点是让学生在欣赏和制作中体会拓印纹理美及拓的乐趣。

【教学难点】

本课的教学难点是技巧的掌握与运用（拓的过程中，撕、贴、拓的结合）。

【教学准备】

老师准备素描纸、纸板、胶棒、油画颜料、拓包。

【教学过程】

老师导入新课。

老师：摸摸看，猜一猜老师的箱子里是什么动物？

学生：恐龙。

接下来，老师开始讲授新课。

1. 自主学习

学生了解地方特色——自贡市恐龙博物馆，学习以下知识：

(1)恐龙与自贡的联系；

(2)自贡恐龙博物馆化石收藏的种类；

(3)恐龙生活的年代。

2. 合作探究学习

学生了解：

(1)以恐龙的食性分类，找出食草性、食肉性恐龙的特征；

(2)了解拓画所需要的材料；

(3)学习拓画的步骤。

3. 精讲点播

老师讲授：

(1)画面的构图、色彩；

(2)拓画过程；

(3)对恐龙不同种类化石的特征把握。

4. 评价

学生自评作品的"形之最""色之最""创之最"。

教师评价，小结。

5. 拓展

(1)老师出示图片、视频，分析恐龙灭绝的原因（自然原因）。

(2)学生讨论："为什么现在仍然有许多物种濒临灭绝？"

(3)学生得出结论：偷猎、环境恶化、水、空气污染等（有自然因素，但更多的是人为因素造成的）。

（4）老师引导学生升华感情。

（5）老师总结"环境保护人人有责"刻不容缓，应从我做起。

【板书设计】

恐龙：1. 草食性恐龙（头小、牙平、尾长、四肢行走）

　　　2. 肉食性恐龙（头大、利牙、尾短、前肢小，后肢行走）

拓画步骤：1.构思　2.撕化石　3.粘贴　4.拓色　5.调整

生物

Shengwu

30　植株的生长

（人教版初中生物七年级上册）

黄显清　廖江慧

【教学设计背景及学情分析】

本课是在学习种子萌发的基础上，进一步探究幼苗的生长情况，从幼根的生长、枝条的发育和植株生长需要营养物质三个方面进行阐述。其中，根的向下生长和茎的向上生长涉及的细微结构较为复杂且抽象，学生不易理解。为此，本课将根的生长、根尖结构、植株在有无机盐和没有无机盐的环境中的生长状况通过实验让学生直接观察，便于学生理解和记忆。茎的生长不好观察，于是做成动画，帮助学生理解。学生对过度施用化肥的危害没有感性认识，可以让学生在课前访谈家长、上网收集资料，以便在课堂上进行展示交流。

【环境教育渗透点】

G1 土壤污染；G2 化肥和农药污染。

【教学目标】

1. 知识目标

(1)通过实验观察，学生能描述根尖结构、幼根的生长和枝条发育的过程。

(2)学生运用调查、访谈等方法与他人交流，了解无机盐与植物生长的关系。

2. 能力目标

学生通过亲手培育根尖、观察根尖的永久装片，比较玉米幼苗在蒸馏水和土壤浸出液中的生长状况，培养学生的动手能力。

初步认识过度施肥对土壤、水域的危害，培养环保意识，认同合理施肥，领悟科学方法。

【教学重点】

(1)根尖的结构及其发育；

(2)叶芽的结构及其发育；

(3)植株生长需要无机盐的种类。

【教学难点】

(1)根尖的结构及其发育；

(2)叶芽的结构及其发育。

【教学准备】

(1)生物兴趣小组准备发芽的玉米，注意保护根毛。

(2)将两株发芽的玉米幼苗分别放置在等量的蒸馏水和土壤浸出液中培养。

(3)观察根尖结构的实验准备。

(4)课件准备。

【教学过程】

老师导入新课：我们已经知道种子在萌发时，胚根首先发育成为根，那么幼根又是如何伸长的呢？幼苗又是如何长大的？植株的生长主要表现在哪些方面？

1. 自主学习

学生自主学习植株的生长，了解植株的生长包括哪些方面的生长。

2. 实验探究

(1)幼根的生长。

①学生观察：用放大镜观察玉米根毛，分析根毛位于根尖哪个部分？

②学生用显微镜观察根尖的永久装片，认识根尖的根冠、分生区、伸长区、成熟区的细胞结构特点和作用，思考根的生长与根尖的哪些结构有关？

(2)枝条由芽发育而成。学生观察叶芽的结构,思考叶芽结构及其发育与枝条的关系？芽是怎样发育成枝条的？枝条由哪几部分组成？芽都能发育成枝条吗？

(3)植株的生长需要营养物质。

①学生观察玉米在有无机盐和没有无机盐环境中的生长状况，包括株高、颜色及根、茎、叶的生长。思考蒸馏水和土壤浸出液在成分上有什么区别？为什么土壤浸出液能够保证植株的正常生长？

②老师出示幼苗，引导学生对幼苗病因进行分析。联系实际，讨论施肥时应注意什么问题？一次施肥太多，会造成什么后果？应如何补救？

3. 交流展示

(1)学生在观察实验和自己思考的基础上，小组交流展示观点和看法，形成小组成果。

(2)小组交流展示讨论成果：

①根生长最快的部位是伸长区；

②根的生长一方面靠分生区增加细胞的数量，一方面靠伸长区细胞体积的增大；

③芽的幼叶发育成叶，芽轴发育成茎，芽原基发育成芽，芽中也有分生组织，芽在发育时，分生组织的细胞分裂和分化，形成新的枝条；

④植物的生长需要水分、无机盐和有机物,而无机盐只有溶解在水中才能被植物吸收，所以人们一般选择雨后施肥或施肥后及时浇水，植物需要最多的无机盐是含氮、磷、钾的无机盐，过度施肥会导致土壤板结和水域污染等环境问题，所以我们应合理施肥。

4. 精要讲解

教师及时点评，精要讲解根和茎的生长过程，同时展示根生长和叶芽发育的动画，播放植物缺少无机盐症状的影片，帮助学生理解、记忆有关重难点内容。老师展示图片：由于过度施肥导致的土壤板结和水域污染。

　5. 课后延伸

　学生与家长、农村的亲戚或朋友进行一次对合理施肥的深入探讨，建议多用农家肥，少用化肥。

【板书设计】

植株的生长

1. 根的生长：一方面靠分生区增加细胞的数量，一方面靠伸长区细胞体积的增大。
2. 枝条是由芽发育成的。
3. 植株的生长需要营养物质：水分、无机盐和有机物中，植物需要最多的无机盐是含氮、磷、钾的无机盐。
4. 合理施肥。

31　爱护植被，绿化祖国

（人教版初中生物七年级上册）

胡吉东

【教学设计背景及学情分析】

本课的主要教学任务是了解我国主要的植被类型和现阶段面临的主要问题，因此本课的主题就是环境教育。学生在分析影响环境的因素时，教师的引导可以帮助学生认识爱护植被、绿化祖国的重要意义，形成爱绿、护绿的意识，积极参加绿化祖国的活动。

【环境教育渗透点】

(1) E2 生物多样性的重要性；E3 生物多样性面临的威胁；E4 植树与绿化。

(2) K. 重要概念、政策法规及其他。

【教学目标】

(1) 知识与技能：了解我国主要的植被类型及面临的主要问题，初步掌握植被状况调查方法。

(2) 过程与方法：能够运用所学知识对校园进行绿化设计。

(3) 情感态度与价值观：培养学生爱绿、护绿的意识；强化爱护生物圈、爱护家园、爱护祖国的情感。

【教学重点】

本课教学重点是让学生了解我国主要的植被类型和面临的主要问题，帮助学生认识爱护植被、绿化祖国的重要意义。

【教学难点】

本课教学难点是唤起学生的危机感，激发学生爱绿、护绿的环保意识。

【教学准备】

(1) 教师准备：收集各种植被类型的录像、影片和资料；准备中国、瑞典等五国森林分布数据图表。

(2) 学生准备：网上调查自贡植被情况；收集与环境有关的法律法规文件。

【教学过程】

1. 创设情境导入新课

老师展示数据：

(1) 100 万年前，陆地上的森林覆盖率达 60% 以上；

(2) 4000 年前，中国开始大规模地砍伐森林，使黄河流域沦为一片裸地；

(3) 500 年前，欧洲森林被开垦成农田；

(4) 100 年前，北美森林遭到严重毁坏，随之而来的是遮天蔽日的"黑风暴"，千百万吨肥沃细土卷入高空。

学生对比图片资料和数据思考：我国现在的植被如何？我国植被面临哪些问题呢？这些问题可引发学生的危机感和责任感，唤起他们爱护植被、绿化祖国的意识和决心。

2. 我国主要的植被类型

老师提问：我国有哪些植被类型呢？

老师先用课件展示我国草原、荒漠、热带雨林的图片，然后播放一组不同植被类型的视频，让学生观察比较它们之间的异同点。

开始，学生会不知从哪些方面进行观察，教师适当引导观察的方法，如"从植被种类、生长高度或分布地区这三个方面来比较植被的主要特点"，这样学生就能有目的地进行探究活动。

全班交流的时候，由于观察的角度不同，学生会有不同的观点。有的同学对植被高度进行比较(如草原植被矮小，热带雨林植物繁茂、高大)，有的同学对植被的生长特点或种类特征进行比较(如草原植被生长密集，以草本植物为主，而荒漠植被稀疏、种类少，植物耐旱)，有的同学对植物的生长环境进行比较(如荒漠植被生长环境恶劣，而热带雨林植物所在地区高温多雨)。无论学生从哪个方面进行比较，老师都要在适当的时候进行点拨。

接下来，老师以同样方式展示我国常绿阔叶林、夏绿阔叶林及针叶林的图片。

学生通过探究后得出以下结论：

(1) 常绿阔叶林植被分布在气候比较炎热、湿润的地区；

(2) 夏绿阔叶林有四季变化，夏天为绿色，秋季树叶变黄，冬季落叶；

(3) 针叶林生长在寒冷地区，以松树和杉树为主。

3. 我国植被面临的主要问题

老师出示五国森林分布数据表(表 31-1)，学生进行比较并分析。

表 31-1 五国森林分布数据

国家	国土面积/万平方公里	森林面积/万平方公里	人口/万	森林覆盖率/%	人均森林占有面积/(公顷/人)
中国	960	15888	129533		
日本	37.7	2388.9	12350		
加拿大	992.2	26410	2650		
瑞典	41.2	2440	830		
芬兰	33.7	1988.5	500		

我国森林分布状况如何呢？小组合作分工计算各国森林覆盖率和人均森林占有面积，并填入表 31-1，进行讨论。

(1) 从五国的森林覆盖率和人均森林占有面积来分析，发现了什么问题？

(2) 在对表 31-1 数据进行比较之后，有什么想法？

学生小组讨论，老师巡回指导。

老师引导：通过对以上知识的学习，我们可以知道我国的植被资源很丰富，但也面临着以下问题。

(1) 我国是一个少林国家，森林覆盖率只有 20.36%，低于全世界的平均水平。

(2) 人均森林面积只有 0.145 公顷，不足世界人均水平的 1/4。

(3) 对森林资源的利用不合理，乱砍滥伐现象严重，使森林生态系统呈现衰退的趋势。

老师展示草场沙漠化的录像，引导学生了解我国草原植被的变化情况：过度放牧使许多草场退化、沙化，我国是土地沙漠化比较严重的国家之一，沙化的土地面积每年都在扩大。

4. 从我做起，保护植被

老师展示有关法规资料：我国 1984 年颁布的《中华人民共和国森林法》和 1985 年颁布的《中华人民共和国草原法》及植树节的有关资料。

老师启发学生发出倡议：爱护植被，绿化祖国，是我们每一个人的责任。

老师强调：只要大家从我做起，从现在做起，爱护植被，积极参加植树造林活动，我们的祖国就会更加绿意盎然，我们的生存环境和生活质量就能得到改善和提高。

5. 课堂总结

老师提出学习目标，帮助学生理清思路，"这节课，一方面，我们了解了我国植被的类型特点以及当前所面临的严峻的环境问题；另一方面，由于植物影响人类的生存和发展，所以保护植被、合理开发利用资源是非常重要的。"老师提出希望："让我们以实际行动保护植被、美化家园。"

6. 拓展延伸

小组合作，设计出"绿化校园"的方案，教师给予指导，并将此项活动作为竞赛，以更好地调动学生的积极性。

【板书设计】

1. 我国植被的主要类型：

2. 我国植被面临的主要问题：

体育与健康

Tiyu Yu Jiankang

32　我为学校增色添彩

（人教版初中体育与健康七年级下册）
夏绍霞

【课题设计背景及学情分析】

本课是人教版初中体育与健康七年级下册第二章田径之短跑、快速跑的辅助练习。七年级的学生学习欲望较强，对活动的参与度较高，上课积极认真，服从老师的安排。快速跑深受同学们的喜爱，本课通过"种花""扶树"，以接力比赛的形式教学，倡导同学们爱护环境，积极为我们美丽的校园增色添彩。

【环境教育渗透点】

(1)学科知识点渗透：人类生活离不开大自然，要学会热爱和保护大自然。通过快速跑，提高学生的奔跑能力，通过"种花""扶树"的接力游戏，倡导同学们爱护环境。

(2)环境教育知识点：K7 绿色创建。

【教学目标】

(1)运动参与目标：使 90%以上的同学掌握往返跑的技术。

(2)运动技能目标：通过学习，让 85%学生了解往返跑的基本知识，并掌握往返跑的基本训练方法。

(3)身体健康目标：使 90%以上的同学能够锻炼身体，提高奔跑能力。

(4)心理健康目标：激发和培养学生学习快速跑的兴趣，促进身心健康。

(5)社会适应目标：培养学生团结合作、吃苦耐劳、自主创新的精神。

【教学重点】

本课教学重点是培养学生往返跑的能力。

【教学难点】

本课教学难点是提高学生往返跑动作的灵敏度、协调性。

【教学准备】

老师课前需选定操场空地一块，准备体操垫 4 块、矿泉水瓶若干、自制树苗 4 棵。

【教学过程】

一、自主学习：10分钟

1. 阶段目标

(1)培养学生行为规范和严格的组织纪律性；

(2)调动学生学习往返跑的激情；

(3)学生充分热身，为往返跑做好准备。

2. 课的内容

(1)课堂常规；

(2)集合队伍，检查人数；

(3)师生问候，检查服装；

(4)教师介绍100米短跑的世界纪录；

(5)老师带领学生做热身准备活动；

(6)游戏——喊数抱团。

3. 老师活动

(1)宣布本节课的内容，安排见习生。

(2)老师讲解：牙买加选手尤塞恩·博尔特以9秒58创造了100米短跑的世界纪录。

(3)老师带学生做准备活动。

(4)老师讲解准备活动的重要性。

(5)老师讲解游戏规则、方法，并带领学生组织游戏。

4. 学生活动

(1)听从指挥，认真听讲。

(2)队形排列如图32-1所示。

O O O O O O O O O O

O O O O O O O O O O

O O O O O O O O O O

O O O O O O O O O O

○

图 32-1　队形示意图

0 代表学生；○代表老师

(3)学生按要求进行准备活动。

二、合作探究：6分钟

1. 阶段目标

(1)让全体学生掌握往返跑的基本知识、技能。

(2)让80%以上的同学掌握往返跑的技术方法。

2. 课的内容

学生自行练习往返跑，分小组探讨往返跑的动作技术要领。

3. 老师活动

老师把学习小组分好，划分各小组探究区域并巡回指导。

4. 学生活动

各小组在学习小组长的带领下，按种花的形式进行往返跑，从实践中探索往返跑的动作技术要领。

三、精讲点播：6 分钟

1. 阶段目标

老师精讲动作技术方法。

2. 课的内容

学生分小组进行往返跑接力跑练习(设置情景——扶"树苗")。

3. 老师活动

老师与学生共同讨论怎么扶"树苗"的问题，引导学生进行往返接力赛练习。

4. 学生活动

学生认真听讲、分小组讨论并尝试接力跑技术。

四、小结巩固：14 分钟

1. 阶段目标

(1)全体学生积极参与游戏。

(2)培养学生竞争、团结合作的意识。

2. 课的内容

学生巩固练习。

3. 老师活动

(1)老师讲解往返跑练习的规则，并引导学生进行巩固练习。

(2)老师教育学生注意安全。

(3)老师对学生进行环保教育。

4. 学生活动

老师将学生分成人数相等的四组进行接力游戏。

五、拓展应用：4 分钟

1. 阶段目标

学生体会放松活动带来的愉悦感，并养成活动后自我放松的习惯。

2. 课的内容

(1)放松操练习(配轻音乐)；

(2)师生总结，评价本节课；

(3)收拾器材；

(4)师生再见。

3. 老师活动

(1)指导积极进行放松；

(2)对本节课进行评价；

(3)课后作业。

4. 学生活动

(1)学生在老师的带领下进行放松。

(2)要求学生充分放松，消除疲劳。

33 投掷轻物教学设计——"废物利用"

（人教版初中体育与健康八年级上册）

牟佳

【 教学设计背景及学情分析 】

　　本课以"健康第一"为指导思想，打破传统的以运动技能形成规律和身体活动规律为主线的教学模式，以学生的兴趣为主线，通过游戏吸引学生的注意力，从中发现问题，并通过实验演示解决问题。在各种练习中，老师适当引导，给学生足够的发挥空间，充分体现学生的主体地位和老师的主导作用。本课可培养学生的创新精神，利用已有的器材自创锻炼方法，为养成终生锻炼的良好习惯打下坚实的基础，利用废报纸、自制的纸球，做到一材多用，并在教学中进行环境保护教育。

　　根据《体育与健康课程标准》，田径中的投掷是初中的重要教学内容，而投掷轻物的学习是在学习投掷技术前必不可少的环节。本课的教学设计采用了多种形式的组织方法，结合创设各类游戏来调动学生学习的积极性和主动性，充分发挥学生自主学习、探究学习、合作学习的学习方法，使学生能够在愉快的氛围中学习和体会投掷的基本技术。

　　初中八年级学生活泼好动，想象力丰富，正处于身心发展的关键阶段，本课以独特的教学场景激发学生的学习兴趣，遵循学生的发展规律，充分利用学生自主学习、探究学习、合作学习的能力，阶梯性地创设各种跳跃的场景游戏，通过个人练习、小组合作练习等组织形式，充分调动学生的学习积极性，循序渐进地实现本课的教学目标。

【 环境教育渗透点 】

　　C5 为减少固体废物你可以采取的行动。

【 教学目标 】

　　(1)通过课堂教学，使学生基本掌握投掷轻物的方法，并进行环保教育。

　　(2)通过情景教学，使学生积极参与体育活动，培养其兴趣和爱好。

　　(3)通过学生的想象、观察、模仿，培养学生自学、自练、自评的能力。

　　(4)通过游戏教学，巩固本课内容，并培养学生团结友爱、协同合作的良好作风和勇敢顽强、克服困难的优良品质。

【 教学重点 】

　　本课教学重点为掌握投掷轻物的技术动作，发展投掷能力，培养学生的环境保护意识。

【教学难点】

本课的教学难点是让学生在投掷时保持上下肢协调。

【教学准备】

老师课前需选定操场空地一块，准备呼啦圈 12 个、体操垫 12 个、标志物 18 个、音响 1 台。

【教学过程】

(1)利用废报纸教具，使学生产生浓厚的学习兴趣。老师通过引导，不仅培养了学生的环保意识、还提高了学生的动手能力。

(2)以学生发展为中心，重视学生的主体地位。以学生的兴趣为主线，老师利用游戏的形式激发学生学习的兴趣，并从中发现问题。

(3)通过"轰炸敌营"游戏锻炼学生的投掷能力，并进一步提高学生的跳跃和奔跑能力。

(4)通过课后拓展性作业(随笔日记)培养学生的环保意识。

一、课堂常规：5 分钟

1. 课的内容

(1)体委整队，报告人数；

(2)师生问好；

(3)检查服装；

(4)宣布本课内容，安排见习生。

2. 老师活动

(1)指定地点集合；

(2)向学生问好；

(3)宣布本次课的内容，检查服装，安排见习生；

(4)语言导入新课并强调重点。

本课重点：让学生掌握投掷轻物的技术动作，学会通过利用废弃报纸制作教学用具，让学生在制作教具中体会废物利用的意义和价值，增强学生环保意识，提高学生的环境保护意识。

教师要求：①仪表端正，着装整洁；②声音洪亮，口令清楚。

3. 学生活动

(1)学生按时到指定地点集合，教师按学习小组将全班分成 6 个小方阵；

(2)老师问好；

(3)见习生随堂听课；

(4)组织队形如图 33-1 所示。

```
000   000   000
000   000   000
000   000   000
000   000   000
000   000   000
000   000   000
        ◯
```

图 33-1　队形示意图

0. 学生；◯. 教师

学生要求：①精神饱满、队形整齐；②在教师提问时积极举手回答问题，声音洪亮。

二、准备部分：10 分钟

1. 课的内容

(1) 慢跑。

(2) 热身操。

(3) 兔子舞：①学生按小组分成 6 路纵队，后面一位同学将手搭在前面一位同学肩上，在音乐伴奏下跳兔子舞；②评选出精神状态最好、步调最一致的前三名，分别加 3 分、2 分、1 分。

2. 老师活动

(1) 慢跑：学生慢跑时，要求整齐一致，安静。

(2) 热身操：包括头部运动、体转运动、振臂运动、腹背运动、弓步压腿、活动手腕踝关节，教师口令指挥并组织学生进行热身操。

(3) 兔子舞：①教师讲解热身操规则，强调安全；②学生注意力集中，跟随音乐节奏，步调一致。

兔子舞要求：精神饱满、队形整齐，跟随音乐的节奏，步调一致。

三、基本部分：15 分钟

1. 课的内容

(1) 学生按学习小组分为 6 组讨论：如何将废弃的报纸制作成本课的教具："手榴弹"。

(2) 分组游戏：运送"手榴弹"。

① 学生按学习小组分成 6 组进行游戏。

② 学生第一次使用立定跳远跳入直径为 1 米的圆圈内，在连续跳跃 2 次后，拾起自制教具"手榴弹"，迅速回到起点。

(3) 老师讲解本课重点：投掷轻物的技术动作。

①老师示范并讲解侧向投掷动作。以右手为例，身体侧对投掷方向，两脚分开，右手臂后引屈肘，右脚微屈，投掷时蹬地转体，右臂经体侧和肩上向前上方挥臂投出。

②讲解侧向投掷动作要领。

③教授口诀"一引，二转，三挥臂"。

④ 巡回指导，纠正错误动作。

⑤请优秀学生上前示范。

2. 老师活动

(1)分组游戏：运送"手榴弹"。

①提问：废弃的报纸如何制作成教具，并讨论制作什么样的教具才能完成投掷的练习和学习？

②老师抽选小组回答提问，没有抽到的小组进行补充、纠正。

③学生分组制作教具。

④老师讲解练习要求，强调练习时的安全。

(2)老师讲解本课重点，要求学生：认真听动作要领；学生记住口诀，并理解该技术动作要领。

3. 学生活动

(1)分组游戏：运送"手榴弹"。

游戏位置示意图如图 33-2 所示。

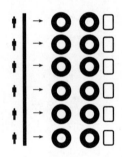

图 33-2　游戏位置示意图 1

⏺. 学生；◯. 直径为 1 米的圆圈；▢. "手榴弹"

① 小组组长带领组员完成练习，并带领小组成员积极参与讨论，得出讨论结果。

②抽问环节中没有被抽选到的小组，应做好补充、纠错的工作。

(2)老师讲解本课重点知识。老师站在队伍正中，并让靠近自己的横排同学蹲下(图 33-3)。

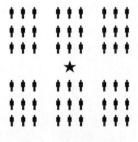

图 33-3　讲解队形

⏺. 学生；★. 教师

四、基本部分：5 分钟

1. 课的内容

(1)达标游戏：轰炸敌营。

(2)学生按学习小组分成 6 组进行练习。

(3)学生根据投掷轻物的正确技术动作完成游戏。

(4)教师点评游戏结果，并为得分最高的前三名分别加 3 分、2 分、1 分。

2. 老师活动

(1)达标游戏：轰炸敌营。

(2)老师讲解游戏规则、要求，强调练习时的安全。

(3)游戏规则：学生在跳过高度为 50 厘米的障碍物、穿过 3 个障碍物后达到指定"投弹"地点，利用"手榴弹"轰炸敌军哨所、军营、指挥部。

外圈：哨所，成功"轰炸"一次得 1 分。

中圈：军营，成功"轰炸"一次得 3 分。

内圈：指挥部，成功"轰炸"一次得 5 分。

分数累计相加，得分最高者获胜。

3. 学生活动

学生进行达标游戏：轰炸敌营。

(1)轰炸敌营游戏位置示意图如图 33-4 所示。

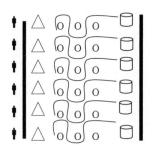

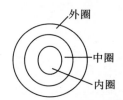

图 33-4　游戏位置示意图 2

♦. 学生；△. 高度为 50 厘米的障碍物；○. 障碍物；▯. 投弹地点

(2)学生分小组进行小组练习，各小组长合理组织、安排小组进行练习。

(3)每一名学生都必须参与练习。

(4)分组游戏时，注意游戏的安全。

五、结束部分：5 分钟

1. 课的内容

(1)放松练习；

(2)归纳总结；

(3)布置作业；

(4)宣布下课。

2. 教师活动

(1)放松练习：舞蹈——《爱我中华》，让学生通过舞蹈进行放松练习。

(2)归纳总结：教师归纳本节课内容，梳理重难点，点评学生课堂学习情况。

(3)布置作业。

①常规性作业：投掷轻物的正确技术动作完成 20 次。

②拓展性作业：环境是人类生存发展的基础，也是开发利用的对象。人类只有和环境友好相处，才能实现人类的可持续发展。但是在日常生活中，破坏环境的例子随处可见：垃圾随手乱扔，生活用水浪费等。作为中学生，我们应该思考如何通过自己的努力，帮助身边的人关注环境、爱护环境。

请同学们完成一篇 200 字左右的随笔日记。

3. 学生活动

学生进行放松练习：舞蹈。

(1)放松操(舞蹈)队形为学生围成一个大圆圈。

(2)老师归纳总结、布置作业。

放松练习的要求为：

(1)学生全身放松，动作舒缓协调；

(2)学生跟随老师的口令和音乐的节奏进行放松练习；

(3)学生认真听老师总结；

(4)老师宣布下课。

初中环境教育学科同步渗透教学设计

物°理

Wuli

34 镜面反射与漫反射①

(人教版初中物理八年级上册)

梁雪梅

【教学设计背景及学情分析】

本课为综合实践课，本着培养学生关心环境、服务环境的生态文明意识，体现物理与生活的联系和从物理走向生活、从生活走向社会的新课程理念，以学生为主体进行设计构思。首先是遵循学生的认知规律，从实践体验出发，在课前安排学生调查和收集信息，让学生自主发现问题并进行研究，从而了解反射的类型；然后在对比分析中了解生活中的镜面反射现象，以及现实生活中镜面反射给人们带来的光污染和人们为了防止光污染危害所采取的措施等。

学生刚学习了光的反射规律，对光的反射有一定了解。同时，学生乐于参加活动，课前让学生收集关于光污染的信息，通过课堂展示、交流，可以帮助学生获得成功的体验。

【环境教育渗透点】

K9 绿色生活方式。

【教学目标】

知识与技能：了解什么是镜面反射，什么是漫反射。

过程与方法：通过观察，理解镜面反射和漫反射的主要差异。

情感与价值观：①密切联系实际，提高将科学技术应用于日常生活和社会的意识；②积极参与综合实践活动，养成关心环境、保护环境的生态文明素养。

【教学重点】

本课教学重点为让学生理解漫反射和镜面反射。

【教学难点】

本课教学难点是让学生了解漫反射和镜面反射的区别，知道漫反射依然遵循光的反射定律。

【教学准备】

教师准备：①录制镜面反射和漫反射微课；②编制好指导学生学习的导学案。

① 本课设计参考江西新余四中胡振华的《关于镜面反射与漫反射的辨析》。

学生准备：①观看微课，并完成练习；②将一面小镜子放在一张白纸的中央，用手电筒竖直照射平面镜，从侧面观察镜面和白纸；③寻找生活中光的反射现象；④通过网络搜索资料，了解光污染的知识。

【教学过程】

一、教学流程

教学流程如图 34-1 所示。

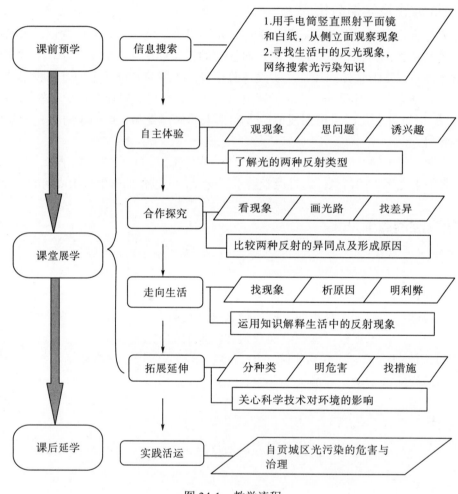

图 34-1　教学流程

二、课程教学

（一）自主体验

1. 感受两种反射现象

学生体验：把平面镜放在从窗口（或门口）射进来的太阳光下，反射光照在天花板上，形成一个明亮的光斑；然后将一张白纸放在阳光下。

学生思考：此时还有反射光吗？反射光哪儿去了？说明了什么问题？

老师过渡：光射到任何物体的表面都能发生反射，不同的表面对光的反射效果是不一样的。

2. 发现不同类型的反射

学生体验：在暗室里用手电筒垂直照射镜子和白纸。

学生思考：两者的反射光有何区别？两者的明亮程度有何不同？

老师过渡：镜面光滑，白纸粗糙，一束平行光照射到不同反射面上，反射光线是怎样的呢？

（二）合作探究

1. 辨析两种反射

（1）学生画光路图（自主完成）（图34-2）。

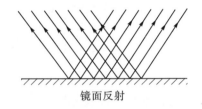　　　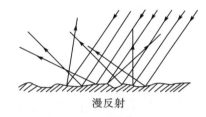

镜面反射　　　　　　　　　　　　　　漫反射

图34-2　光路图

（2）学生自主学习两种反射。

镜面反射：平行的入射光射向平滑物体表面的反射叫镜面反射。

漫反射：平行的入射光射向凹凸不平（粗糙）的物体表面的反射叫漫反射。

（3）学生比较异同：观察比较光路图，讨论交流。

镜面反射和漫反射的不同之处有三点。

①反射面不同：镜面反射的反射面平整光亮，漫反射的反射面粗糙。

②对平行光反射方向不同：镜面反射时，入射光为平行光，反射光也是平行光；漫反射时入射光为平行光，反射光则射向各个方向。

③观察反射光的区域不同：镜面反射的反射光较集中地射向某一方向，因此有些区域能看见反射光，有些区域就看不见。黑板反光就是这个原因。漫反射的反射光散乱，站在各个方位都能看见反射光。

镜面反射和漫反射的相同之处有两点：

①入射光都是平行的；

② 遵守光的反射定律。

老师过渡：镜面反射、漫反射都不是绝对的。例如，镜子对太阳光的反射是属于镜面反射，但我们还是可以从各个方向看见镜面，只是较暗而已，说明镜面还是把少量的光线反射到其他方向了。微波荡漾的湖面对太阳光进行漫反射，产生波光粼粼的现象，说明湖面局部不断地发生镜面反射。

（4）老师讲解造成镜面反射、漫反射的原因。老师用大头针代表法线，白纸代表反射面，边操作边分析：平行的入射光线射向镜面，每束入射光线的入射角是相同的，根据反射定律，反射角也必定相等，所以反射光线是平行的。由于反射光线比较集中，在这个方向看物体表面特别明亮，从其他方向看比较暗淡。如果把硬纸片弄弯、形成折皱，使硬纸片变得凹凸不平，法线也就不平行了，由于入射光线的方向不变，各条入射光线的入射角就不相同，各反射光线的反射角也就不相等了，反射光线射向各个方向，因此从各个方向都能看清物体，如图 34-3 所示。

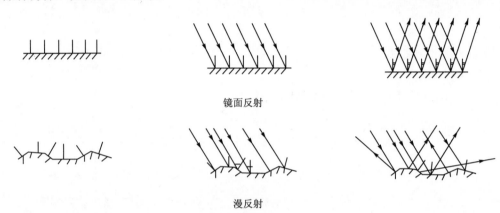

镜面反射

漫反射

图 34-3　镜面反射和漫反射形成的原因

（三）走向生活

老师引导学生进行知识运用。

师生共同列举生活中的两种反射现象，并尝试运用学习的知识加以解释，丰富学生的认识。学生分小组讨论，提出问题，师生互助回答、补充完善，教师以精讲点拨形式进行。

(1) 同学们看不到黑板反光部分的字，这是因为黑板上的反光部分发生镜面反射，光线强度比粉笔字漫反射的光线强。怎样避免这种情况？

(2) 在电影院里，我们能从不同座位上观看到银幕上的画面，这是什么原因？

(3) 夕阳西下，放学路上的你，突然发现不远处的楼房上有几块玻璃特别明亮刺眼，这是什么现象引起的？而其他玻璃不亮的原因又是什么？

(4) 皮鞋擦过油后，还要用鞋刷或软布反复擦几下，越擦越亮，这是为什么？

(5) 坐在教室里不同位置的同学，眼睛都能看到黑板上的粉笔字，这是为什么？

(6) 雨后天晴的夜晚，为了不踩到地面上的积水，你有什么妙招？

（四）拓展延伸

老师讲解光污染及其防治。

交流课前收集的资料，拓宽视野。其他学生做补充，最后讨论、回答以下问题。

(1) 光污染有几类？本课学习的内容与哪一类污染有关？其危害有哪些？

(2) 如何防治光污染？

国际上一般将光污染分成三类，即白亮污染、人工白昼和彩光污染。

当太阳光照射强烈时，城市里建筑物的玻璃幕墙、釉面砖墙、磨光大理石和各种涂料等装饰反射光线，明晃白亮、炫眼夺目。专家研究发现，长时间在白色光亮污染环境下工作和生活的人，视网膜和虹膜都会受到不同程度的损害，视力急剧下降，白内障的发病率高达 45%。白亮污染使人头昏心烦，甚至发生失眠、食欲下降、情绪低落、身体乏力等类似神经衰弱的症状。

夏天，玻璃幕墙强烈的反射光进入附近居民楼房内，增加了室内温度，影响正常的生活。有些玻璃幕墙是半圆形的，反射光汇聚还容易引起火灾。烈日下驾车行驶的司机会出其不意地遭到玻璃幕墙反射光的突然袭击，眼睛受到强烈刺激，很容易诱发车祸。

据光学专家研究，镜面建筑物玻璃的反射光比阳光照射更强烈，其反射率高达82%～90%，光几乎全被反射，大大超过了人体所能承受的范围。长时间在白色光亮污染环境下工作和生活的人，视力容易下降，产生头昏目眩、失眠、心悸、食欲下降及情绪低落等类似神经衰弱的症状，使人的生理及心理发生变化，长期下去会诱发某些疾病。专家研究发现，长时间在白色光亮污染环境下工作和生活的人，视网膜和虹膜都会受到程度不同的损害，视力急剧下降，白内障的发病率高达 45%。夏天，玻璃幕墙强烈的反射光进入附近居民楼房内，使室温平均升高 4～6℃。影响正常的生活。

防治光污染主要有下列措施：

(1)加强城市规划和管理，改善工厂照明条件，以减少光污染的来源；

(2)对有红外线和紫外线污染的场所，采取必要的安全防护措施；

(3)采用个人防护措施，主要是戴防护眼镜和防护面罩，防护眼镜有反射型防护镜、吸收型防护镜、反射-吸收型防护镜、爆炸型防护镜、光化学反应型防护镜、光电型防护镜、变色微晶玻璃型防护镜等类型。

光污染虽未被列入环境防治范畴，但其危害显而易见，并日益加重和蔓延。因此，人们在生活中应注意防止各种光污染对健康的危害，避免过长时间接触污染。

光对环境的污染是实际存在的，但由于缺少相应的污染标准与法律法规，不能形成较完整的环境质量要求与防范措施。防治光污染是一项社会系统工程，需要有关部门制定必要的法律和规定，采取相应的防护措施。

首先，在企业、卫生、环保等部门，一定要对光污染有清醒的认识，要注意控制光污染的源头，要加强预防性卫生监督，做到防患于未然；科研人员在科学技术上也要探索有利于减少光污染的方法。在设计方案上，应合理选择光源。要教育人们科学、合理地使用灯光，注意调整亮度，不可滥用光源，不要再扩大光的污染。

其次，对于个人来说，要增强环保意识，注意个人保健。个人如果不能避免长期处于光污染的工作环境中，应该考虑防止光污染的问题，采用个人防护措施：戴防护镜、防护面罩、防护服等，把光污染的危害消除在萌芽状态。已出现症状的，应定期去医院眼科做检查，及时发现病情，以防为主，防治结合。

(五)活动小结

老师：通过本节课的学习，你获得了哪些知识？有什么体验或感受？关于光污染，你有什么想法？

三、课后延学

学生以学习小组为单位，以"自贡城区光污染的危害与防治"为主题开展活动，经过实地调查、走访相关部门人员、查阅国家法律法规，完成活动报告，要求不低于 3000 字，要有必要的图片佐证。

四、教学后记

本课以活动贯穿全课。在小组合作学习和个人独立学习的交互过程中，体现"兵教兵"思想；让学生经历体验感受、形成知识体系、运用知识服务社会的过程，在师生互动、学生互动中，关注物理与生活的联系，让学生学习身边有用的物理知识，并积极运用知识走向社会，从而辩证地看待科技的发展进步对环境与人们生活的影响，培养学生生态文明素养。

【板书设计】

类型	镜面反射	漫反射
反射面	光滑（平静的水面、光滑玻璃面）	粗糙
反射光线	平行光入射再平行光反射	平行光入射沿各方向反射
光路图		
作用	成像	可从各个角度观察
应用	照镜子、大楼装饰的玻璃幕墙等	公路标志、看黑板上的板书
实质	每一条光线都遵循光的反射规律	
不足	造成光污染，应注意防治	

35 噪声的危害和控制

(人教版初中物理八年级上册)

卢芳

【教学设计背景及学情分析】

本课是人教版初中物理八年级上册第二章《声现象》的最后一节，教材秉承了理论联系实际的设计理念，在学生对声音的基础知识有所了解的基础上，引导学生从物理走向生活，利用物理知识解决生活中的问题，并增强环保意识。

近代工业的发展带来当今社会的繁荣，但环境污染也随之产生，噪声污染就是环境污染的一种，已经成为环境的一大危害。噪声污染与水污染、大气污染、固体废弃物污染被看作是地球上四大主要环境问题。噪声不但会对听力造成损伤，还能致癌，甚至诱发多种致命的疾病，从而对人们的生活、工作产生严重干扰。噪声的防治与每个人的生活息息相关。

八年级学生思维活跃，动手能力强，分析和处理资料的能力强，但看待问题不够全面，本课在实验的基础上，结合教材资料和生活体验，让学生多方位了解噪声，积极探索控制噪声的方法。

【环境教育渗透点】

(1)学科知识渗透点：了解噪声的危害和控制噪声的方法，树立良好的社会公德。

(2)环境教育知识渗透点：D2 噪声污染的来源；D3 噪声污染的危害；D4 噪声污染的防治。

【教学目标】

(1)使学生了解噪声的来源。

(2)让学生知道噪声的危害和控制噪声的途径。

(3)通过亲身体验和对比，使学生了解不同等级的噪声对人的影响。

(4)通过联系实际和实验，使学生了解减弱噪声的方法。

(5)从生活实际出发，增强学生的环境保护意识，提高学生的道德修养。

【教学重点】

本课教学重点为学习控制和减弱噪声的方法。

【教学难点】

本课教学难点为提高学生环保意识，并将意识转化为实际行动。

【教学准备】

教师准备：

(1)预存一段优美的音乐、一段工厂里嘈杂的声音和与噪声相关的一些图片；

(2)玻璃、铁钉、音叉、示波器。

【教学过程】

一、情境引入

播放一段优美的音乐，再播放一段工厂里嘈杂的声音，让学生谈谈这两种声音给他们的感受有什么不同。

优美的音乐让我们心情舒畅，而吵闹繁杂的声音——噪声(noise)则使我们心烦意乱。噪声是严重影响我们生活的污染之一。引导学生回想生活中有哪些声音是噪声，并谈谈这些噪声对他们的生活造成了哪些影响。

二、探究学习

1. 噪声的来源

(1)听一听：噪声给我们带来怎样的感受？让学生动手实验，听用铁钉刮玻璃的声音等。

(2)比一比：噪声与音乐的波形有什么区别？用示波器向学生展示泡沫塑料刮玻璃时产生的噪声波形，并与音叉发出的声音的波形做比较。

(3)举例子：噪声的来源非常广泛，让学生举例说说生活中有哪些噪声，并谈谈这些噪声对自己的生活造成了哪些不良影响。

(4)谈一谈：加强学生对噪声的认识和理解。

2. 噪声的等级和危害

学生认识不同等级的噪声及其危害：引导学生阅读教材第 43 页的内容，让其了解各种不同等级的噪声，回想自己在这些环境中的感受，并举例说明噪声对人们的生活造成了哪些危害。

3. 控制噪声

老师：既然噪声的危害如此之大，我们就要想办法控制噪声。

(1)回想日常生活中常用的控制噪声的方法，思考应该从哪些方面着手去控制噪声？

(2)思考并讨论，声音从产生到被耳朵听到，一共有几个阶段？分别是哪几个阶段？

(3)根据以上的分析和启发得出，可以从防止噪声产生、阻断噪声传播、防止噪声进入耳朵三个方面去控制噪声。

(4)举一些生活中控制噪声的事例，并从以上三个方面对其进行归类。

(5)动手实验并思考：把正在响铃的闹钟放入盒中，听听声音的变化。取出后，分别用报纸、海绵等不同材料包住它，再放入盒中，听声音的变化。由此可以得到什么启示？举出一个生活中采用不同方法控制噪声的实例。

三、课堂小结

由于噪声严重影响人们的工作和生活，人们把噪声叫作"隐形杀手"。目前，城市把控制噪声列为环境保护的重要项目之一。同学们要从身边的小事做起，为控制噪声贡献自己的一份力量。比如，可以在居住的周围栽种更多的花草树木，利用它们可以减少噪声；在学校或者公共场所看到"请保持安静"或"轻声慢步"等提示牌应严格遵守，避免自己成为噪声源，对别人的工作、休息造成干扰。

四、布置作业

老师布置作业：
(1)完成"动手动脑学物理"；
(2)完成一份关于城市噪声防控的调查报告。

【板书设计】

噪声的危害与控制

噪声的来源　　　　噪声的危害　　　　噪声的控制

36 热机效率和环境保护

(人教版初中物理九年级上册)

徐文治

【教学设计背景及学情分析】

前面已经学习了热机的概念，在此基础上，学生对热机的认识已经建立，那么如何让学生在生活中将热机与环境保护结合起来呢？本课设计让学生通过实例，了解如何提高热机的效率及其意义，能简述热机的使用产生的排放物对环境的不良影响，培养学生的环保意识。

【环境教育渗透点】

H4 节能技术与措施；K3 科学发展观。

【教学目标】

(1)建立热值概念，知道热值是燃料燃烧放热的特性，了解热值的表示法和常见燃料的热值，能利用热值表进行有关燃烧放热的简单计算。

(2)了解热机效率，知道热机工作时燃料释放能量的主要流向，知道怎样提高热机效率及提高热机效率的意义所在。

(3)了解热机的利用与人类社会发展的关系，并能简述热机使用产生的排放物对环境产生的不良影响，培养环保意识。

【教学重点】

本课的教学重点是让学生了解热值、热机效率的相关概念，知道利用热机形成的环境问题。

【教学难点】

本课的教学难点是热值的计算、对热机效率的理解。

【教学准备】

教师准备教学用具和课件，学生课前预习。

【教学过程】

1. 新课引入

无论是烧菜做饭，还是奔驰的汽车与火车，都离不开燃料。从原始人类学会用火的那天起，人们使用的能量绝大部分是通过燃料燃烧获得的。那么燃料燃烧释放的能量究竟有多少用来做了有用功？燃料的燃烧对环境会造成哪些影响呢？今天，我将和大家一起学习

"热机效率和环境保护"。

2．新课学习

(1)老师展示课件：木柴取暖、煤气烧饭、锅炉中煤炭燃烧、内燃机车、飞机、轮船等，引出常见的燃料。

(2)设置疑问：常见的燃料有木柴、煤炭、汽油、酒精等，在燃烧时都会释放能量，但它们释放能量的能力是否相同呢？如果不同，那又如何来表示其能力呢？

(3)学生交流与讨论：如何比较不同燃料燃烧释放能量的能力的不同？

(4)老师引导学生给热值下定义。

热值定义：1 千克某种燃料完全燃烧释放出的能量称为这种燃料的热值，用 q 表示。单位是焦/千克，气体燃料热值单位是焦/立方米。

思考：给热值下定义时你认为应该注意哪些？

学生：①质量必须是单位质量 1 千克，这就保证了质量相同；②必须完全燃烧。

老师强调：热值是燃料的重要特性，只和燃料的种类有关，与质量和是否完全燃烧无关。

学生查热值表，并表述木柴、液化气热值的物理意义。

(5)老师引导学生推导热值的计算公式。

由热值的定义我们知道：1 千克的干木柴完全燃烧释放 1.2×10^7 焦的热量，那么质量为 m 千克的干木柴完全燃烧释放出多少焦的热量，怎么计算？

学生回答：mq。由此得出热值的计算公式：$Q = mq$。

思考：气体燃料通常不用质量而用体积衡量，因此计算气体燃料放热时，公式应该怎样写？

(6)例题：计算 4 千克柴油完全燃烧释放的热量。

解：查表可知 $q = 3.3 \times 10^7$ 焦/千克，所以 $Q = mq = 4\,\mathrm{kg} \times 3.3 \times 10^7$ 焦/千克 $= 1.32 \times 10^8$ 焦。

答：完全燃烧释放的热量为 1.32×10^8 焦。

(7)学生估算：在课本图 12-26 所示的情况下，所需的干木柴、烟煤和汽油的质量。

学生交流与讨论：在课本图 12-26 中，实际需要的干木柴、烟煤和汽油的质量大大超过计算得出的数值，这是为什么？

3．热机效率

(1)引语：热机实际工作时，并不能将燃料的化学能全部用来对外做有用功，有很大一部分能量在工作的过程中损耗掉了。

(2)老师展示课件：热机燃料燃烧能量走向示意图(课本第 38 页图 12-27)。

由课本图 12-27 可知，真正能转变为有用功的能量只是燃料燃烧所释放能量的一部分。

(3)引导学生由机械效率的定义得出热机效率。

定义：热机转变为有用功的能量($Q_有$)与燃料完全燃烧所释放的能量($Q_总$)的比值称为热机效率。用 η 表示(即 $\eta = Q_有 / Q_总 \times 100\%$)。

为了合理利用能源，人们一直都在努力提高热机的效率。

(4)学生自学第 38 页第四自然段。

学生交流与讨论：如何合理利用能源，提高热机的效率？

学生归纳：主要途径是减少热机的各种能量损失。

具体措施:

①使燃料尽可能完全燃烧(煤粉、鼓风);

②减小机械摩擦(选用优良润滑油);

③尽量简化机械传动部分(三角旋转式发动机)。

(5)老师展示课件:各种热机的效率。

学生思考:热机的效率能否达到100%?为什么?

4. 环境保护

引语:热机为人类的发展做出了重大贡献,但也带来了一些负面影响,造成环境污染,如噪声污染、废气污染等。

(1)老师展示课件:燃料燃烧造成环境污染的有关图片和生活场景。

(2)学生交流与讨论:通过上面的展示,并联系我们的生活环境谈一谈:燃料燃烧对环境有哪些影响?

学生:①燃料燃烧排放的烟尘使空气混浊,影响动植物生长;②汽车等交通工具排放的尾气,如过多 CO_2 引起地球温室效应,全球气候变暖,CO 能造成"煤气中毒",让人缺氧致死,CO_2 会形成酸雨,危害植物、危害庄稼,破坏生态平衡,还会腐蚀建筑物……

(3)学生阅读:我国大气环境质量标准和信息窗内容,进行环保总动员。

(4)学生交流与讨论:结合生活实际谈谈,为了保护环境,应该怎样从我做起?

老师抽几个学生上台发表环保演讲。

5. 课堂小结

(1)热值:概念、单位、公式、计算。

(2)热机效率:概念、提高热机效率的途径及具体措施。

(3)保护环境,从我做起。

6. 实践活动

请教化学老师,了解汽车、拖拉机等热机排放的废气中,主要有哪些成分?请教生物老师,了解这些成分中,哪些对人有害?有什么样的危害?哪些对人体无害?从网上或有关资料中查询,写一份关于热机与环境的调查报告。

【板书设计】

一、燃料的热值

1. 定义:

2. 公式:$q=$

3. 单位:焦/千克 焦/立方米

固体和液体燃料 气体燃料

二、热机的效率

1. 定义:

2. 公式:$h=\dfrac{W_{有}}{Q_{放}}\times100\%$

37　电能、电功

（人教版初中物理九年级下册）

殷德丽

【教学设计背景及学情分析】

本课是在电学基本知识的基础上，从能量和做功的角度研究电，将学生的知识面扩大到电能、电功。本节内容与实际生活联系紧密，具有较强的综合性和实用性，是物理学的重难点，渗透着电能与其他形式能量转化的思想。在学习中，学生能真切感受到电是如何为人类服务的，感受电能的巨大作用。

学生对电能，尤其是电能表的学习有浓厚兴趣，本节在了解电能的来源与作用时，讨论 1 度（1 千瓦·小时）电的作用，使学生了解电在人类社会中的作用，增强学生节约用电的意识，培养学生科学用电、共建节能社会的意识。

【环境教育渗透点】

H1 能源危机；H3 可再生能源资源；H4 节能技术与措施。

【教学目标】

1. 知识与技能

(1)了解电能的各种来源及应用，能从能量转化的角度认识电能。

(2)知道电能的单位，认识电能表，会读电能表。

(3)能结合生活实例分析电能转化是通过电流做功实现的。

(4)理解电功的概念、单位及其公式，会用公式进行简单计算。

2. 过程与方法

(1)通过阅读课本，培养学生的自学能力及阅读、看图、语言表达的能力。

(2)通过课前预习和交流讨论等多种形式开展小组合作学习，增强学生合作探究的能力和发现问题的能力。

3. 情感、态度与价值观

(1)学生在课前预习和交流、讨论等活动中体验成功的喜悦，激发学生科学探究的兴趣。

(2)通过对"1 度电在生产、生活中的用途"的认识，让学生真切感受电是如何为人类服务的，增强学生的节能意识，关注节约电能、节约能源。

【教学重点】

本课的教学重点为：

(1)学会认读电能表；

(2)电功的计算。

【教学难点】

本课的教学难点是对电功概念的理解及利用电功公式进行计算。

【教学准备】

(1)老师布置任务：要求学生回家后观看电能表，收集 1 度电作用的相关资料；

(2)老师准备教学用具：电能表、电池、小灯泡、开关、导线、电动机。

【教学过程】

1. 创设情境，导入新课

老师：在我们的生活中，电太重要了，电也是一种能源，我们把它叫作电能。电能是如何产生的，它又能为我们提供哪些服务呢？让我们带着问题一起学习《电能、电功》。

学生观看演示实验：小灯泡发光和电动机转动，讨论什么形式的能量发生了转化？

设计意图：让学生体验社会生活中丰富的物理知识，体验从生活走向物理。

2. 合作探究，构建新知

(1)电能的单位。老师：生活中对电能的利用无处不在，每个家庭都在用电，电能是一种能量，所以焦耳(J)同样是电能的单位。但是生活中我们经常听父母说，上个月家里用了多少"度"电，这里的"度"又是什么意思呢？请同学们阅读教材，认识电能的单位。

老师讲解："焦耳"和"度"都是电能的单位，"度"的学名是"千瓦时"，符号是 kW·h，它们之间的关系是：

$$1度 = 1千瓦·小时 = 1 \times 10^3 瓦 \times 3600秒 = 3.6 \times 10^6 焦$$

(2)电能的计量如下。

① 消耗的电能可以用电能表计量出来，仔细阅读教材第 88 页电能表的内容。

a. 了解电能表是如何工作的？应该如何读数？

b. 了解电能表上各个数字的含义。

学生总结、教师点拨：

a. 电能表是靠中间的铝质圆盘转动计数的，最后一位为小数位，圆盘上方的数字显示已消耗的电能(千瓦·度)；

b. "220 V"表示这个电能表应该在 220 伏的电路中使用；

c. "10(20)A"表示这个电能表的标定电流为 10 安，额定最大电流为 20 安，电能表工作时的电流不应超过额定最大电流；

d. "600 revs/(kW·h)"表示接在这个电能表上的用电器，每消耗 1 千瓦·时的电能，电能表上的转盘转过 600 转；

e. "50～"表示这个电能表在频率为 50 赫兹的交流电路中使用。

②老师展示课件图片，认识生活中的各种电能表。

设计意图：用好教材，培养阅读能力和提取有用信息的能力。教会学生从阅读中获取知识，使学生受益终身。

(3)1 度电的作用。电能是人们生活的重要资源，随着科技的发展，社会对电能的需求越来越多，能源供应日益紧张，我们都应该具备节约用电的意识，节约每一度电，我们要从生活中的点点滴滴做起，下面我们来阅读教材并讨论 1 度电的作用。

交流讨论如下。

我国是人口大国，电能需求日益紧张，说说你们能从生活中的哪些方面节约用电？

学生讨论并发表自己的观点，老师点评，鼓励大家将节约用电落实到我们生活中的点点滴滴。

设计意图：从生活实际出发，通过 1 度电作用的交流讨论，培养学生的节约意识，加强学生对环保的关注。

(4)电功。

①课件展示：各类电器在生产生活中应用电能的事例，分别让学生说出电器工作时发生了什么能量转化？

引导小结：电器工作时，电能可以转化为其他形式的能，这个过程也是电流做功的过程，有多少电能发生了转化就说电流做了多少功，即电功是多少。

②计算电流做的功。电流通过不同的用电器，做功有大有小，电功的大小与电流(I)、电压(U)、通电时间(t) 都有关系。

电功的计算公式：$W = UIt$ 。

电功的单位为焦耳，简称焦，符号是 J。

换算关系：1焦 =1伏·1安·1秒 =1伏·安·秒 。

【板书设计】

电能、电功

一、电能

    单位：度、千瓦·小时、焦耳

1度 =1千瓦·小时 =1×10^3瓦$\times 3600$秒 =3.6×10^6焦

二、电能的计量(电能表)

三、电功

    公式：$W = UIt$

    单位：焦耳，符号是 J

38 能源与可持续发展[①]

（人教版初中物理九年级下册）

胡世良　蒋鹏飞

【教学设计背景及学情分析】

通过本章第一节《能源》的学习，学生已经认识到能源并不是取之不尽、用之不竭的。根据已学过的能量守恒定律，自然界的能量并不会消失，只会发生转化和转移，学生会认为能量守恒与能源有限互相矛盾。因此，老师要通过实例介绍能量的转化和转移具有方向性，让学生认识节约能源的重要性。可持续发展是当今世界的重要主题。学生对能源消耗对环境的影响认识不深，老师应通过图片展示、收集资料、交流讨论等方式，帮助学生建立能源与可持续发展观念。

【环境教育渗透点】

H1 能源危机；H2 不可再生能源资源；H3 可再生能源资源；H4 节能技术与措施。

【教学目标】

本课教学目标为：

(1)知道能量的转化和转移有方向性；

(2)认识伴随大量能源消耗产生的环境问题，培养节能意识、环保意识；

(3)对于能源的开发利用，有可持续发展的意识。

【教学重点】

本课的教学重点是能量的转化和转移有一定的方向性，培养学生的节能意识、环保意识。

【教学难点】

本课的教学难点是能量的转化和转移具有方向性。

【教学准备】

(1)学生课前收集能源消耗对环境影响的资料，收集我国可持续发展战略资料及世界节能减排的措施和方法。

(2)教师准备 PPT 课件。

[①] 本课内容设计参考了人民教育出版社教学资源，图片来源于人民教育出版社多媒体教学资源。

【教学过程】

新课导入：学生想想议议，既然能量是守恒的，那地球上的能量就不会减少了，为什么还需要节约能源？

1. 能量转移和能量转化的方向性

老师在学生讨论的基础上引导分析：热量只能自发地从高温物体转移到低温物体，如果要想热量转移方向相反，就需要消耗其他形式的能源。老师从热传递过程分析能量转移的方向性。

举例1：我们从石油中提炼出汽油，内燃机把能源中储备的化学能转化为汽车的机械能、内能。这些机械能、内能能否再转化回可以被利用的能源？

举例2：火力发电厂把煤中储存的化学能转化为电能，供生产和生活用。电器将电能转化为内能、光能、机械能等多种形式的能后，这些能量能否再变回能源？

举例3：分析汽车制动过程中，轮胎与地面摩擦的能量转化，这些消耗的能量能否被用来驱动汽车？

学生总结、教师点拨：能量的转移和转化都是有方向性的，我们在能量的转化和转移过程中利用能量，但不是什么能量都可以利用，能源的利用是有条件的，能利用的能源是有限的，所以需要节约能源。

2. 能源消耗对环境的影响

人类在耗用各种能源时，不可避免地会对环境造成影响，特别是目前，石油、煤炭的使用量很大，而且年消耗量在不断增长。

学生阅读教材，观看PPT图片，并交流：能源消耗还会对环境造成哪些影响。

(1)如图 38-1 所示，化石能源产生大量内能，其中相当一部分没有被利用，造成热污染。

图 38-1　热污染

(2)如图 38-2 所示，燃料燃烧生成的二氧化硫、氮氧化物、粉尘和一氧化碳等有害物质可形成酸雨。

图 38-2　被酸雨侵蚀后的汉白玉石柱

（3）学生想想议议。小组讨论，在表 38-1 中，用"√"表示大量耗用该类能源对环境会有明显破坏，用"×"表示对环境不会造成明显破坏。

表 38-1　耗用能源与环境破坏关系表

产生的环境问题	石油和天然气	煤	水力发电	核能	薪柴
空气污染					
废物					
有害反射					
水土流失和沙漠化（破坏生态平衡）					

3. 能源与可持续发展

（1）提高能源的利用率，减少在能源使用中对环境的破坏。可持续发展是既满足当代人的需求，又不对后代人满足其需求的能力构成危害的发展。

学生展示：自己搜集的我国可持续发展战略，中国和世界"节能减排"的措施和方法。

学生讨论：为什么要"减排"？"减排"为什么是和"节能"连在一起的？

（2）发展新的理想能源。学生阅读教材，了解可再生能源和不可再生能源。不可再生能源：化石能源、核能等能源会越用越少。可再生能源：太阳能、风能、水能等可以在自然界里源源不断地得到。

学生想想议议：根据学过的有关能源的知识，以及课本上提出的条件，在老师的指导下，让学生说一说哪些能源可能成为未来的理想能源，并说明其道理。说一说未来的理想能源要满足怎样的条件？同时在课堂上展开讨论。

学生总结、教师点拨。未来的理想能源满足的条件：①必须足够便宜，可以保证多数人用得起；②相关的技术必须成熟，可以保证大规模使用；③必须足够安全、清洁，不会严重影响环境。

课堂小结：回顾本节课，你学到了什么？在学生总结的基础上，老师帮助学生梳理知识结构，形成知识网络。

　　课后延伸：学生了解自己生活的地区是否有适宜开发的可再生能源。

【板书设计】

能源与可持续发展

一、能量的转移和转化具有方向性

二、能源消耗会对环境造成破坏

三、可持续发展
- 1. 提高利用率，减少破坏
- 2. 发展理想能源

信息技术

Xinxi Jishu

39　制作柱形统计图

(川教版初中信息技术八年级上册)

吴广茜

【教学设计背景及学情分析】

本课要求学生了解图表的功能，学会制作柱形统计图，属于图表内容的第一课时，结合空气质量相关内容的分析，制作柱形统计图并分析原因，给出建议，因此本课可渗透对环境保护意识的教育。

【环境教育渗透点】

B2　大气的主要污染源和污染物($PM_{2.5}$、PM_{10})；B4　空气污染的防治。

【教学目标】

本课教学目标为：

(1)通过自主阅读，让学生了解空气质量相关知识；

(2)通过任务驱动，学会制作不同柱形统计图；

(3)通过主题研究，了解影响空气质量的原因，渗透对环境保护意识的教育，形成应用所学知识解决现实生活中实际问题的信息素养。

【教学重点】

本课的教学重点为分析空气质量的相关数据，制作不同柱形统计图。

【教学难点】

本课的教学难点为柱形统计图中数据源的选择。

【教学准备】

教师准备：PPT 课件、导学案、文字及表格信息。

【教学过程】

1. 引入

老师播放空气污染图片。2015 年，柴静的《穹顶之下》引发了轩然大波。自此，人们把更多的目光聚焦于我们赖以生存的空气质量上，那怎么定义空气质量，影响空气质量的有哪些污染物呢？

2. 自主学习

学生阅读空气质量相关文字材料,讨论以下问题。

(1)空气质量指数及空气质量级别的划分。

(2)在影响空气质量的因素中,参与评价的污染物有哪些?

(3)雾霾的形成与什么有关,它与空气质量有什么关系?

总结:参与评价的污染物为 SO_2、NO_2、PM10、PM2.5、O_3、CO 等六项,根据各污染物的含量进行计算,得到空气质量指数(Air Quality Index,AQI),值越大,空气质量越差。

在我国现阶段,当 AQI 爆表时,AQI 监测的污染物中的 PM2.5 常成为首要污染物,因此 PM2.5 成为空气质量的代名词。

老师出示自贡各监测点空气质量的文字说明、表格信息及柱形统计图,进行对比,感知柱形统计图比文字、表格更直观、形象。

老师和学生一起分析一个完整柱形图的构成元素:标题、数据系列、横纵坐标、图例,以及制作柱形统计图的基本步骤。

3. 任务驱动

(1)根据给出的表格信息(表 39-1),按要求做出不同的柱形图。

表 39-1 自贡市各监测点的 AQI 和 PM2.5 浓度数据

监测点	AQI	PM2.5 浓度/(微克/立方米)
大塘山	125	95
盐马路	118	89
檀木林街	134	102
春华路	110	83

(2)学生根据导学案完成柱形图的制作,教师巡视帮助(以下题目三选一)。

①各监测点 AQI 对比统计图;

②各监测点 PM2.5 浓度对比统计图;

③各监测点空气质量数据对比统计图。

(3)总结:题目1选中的是表 39-1 中第 1 列、第 2 列的数据;题目2选中的是表 39-1 中第 1 列、第 3 列的数据;题目3选中的是表 39-1 中所有的数据;不同列的数据源可以制作不同的柱形统计图。

4. 主题研究

学生制作自贡实时空气质量检测柱形统计图,找出导致自贡空气质量差的主要污染物,分析其原因,简单给出改善空气质量的建议。

(1)老师出示自贡实时空气质量检测表(表 39-2)。

表 39-2 自贡市实时空气质量检测(2016 年 5 月 3 日 8:00)

主要污染物	含量/(微克/立方米)
PM2.5	92
PM10	136
SO_2	7
NO_2	10
O_3	8
CO	1.19

(2)老师提出要求：①标题醒目；②图表美观；③横纵坐标划分合理；④观察图表分析原因并写出建议；⑤保存电子表格。

5. 作品展示，升华延伸

学生展示自己制作的柱形图，结合数据，分析其中的原因并给出建议。

老师总结：最近一年里，自贡的空气质量已经两次"触红线"，原因有三点：一是气象条件先天不足，大气环境承载力低；二是工地扬尘，汽车数量增加，尾气排放加大，增加了大气污染治理难度；三是秸秆焚烧。不仅仅是自贡，四川乃至全国的空气质量都不容乐观。

政府已经加快源解析工作，有针对性地开展大气污染防治工作。而我们也要为大家的生活环境奉献自己的一份力量，从身边的小事做起，绿色出行，文明劝导。

【板书设计】

制作柱形统计图

特点：形象 直观

元素：标题、数据系列、横纵坐标、图例

数据源决定柱形统计图的内容

40　建立自己的网站

（川教版初中信息技术八年级下册）

王艳梅

【教学设计背景及学情分析】

　　本课是一节网站制作课，需要学生上网搜集素材并应用于网站制作，学生现有的信息技术技能和信息素养能满足本课所需。但由于时间有限，网上素材和类别太多，因此将本节课的主题定为"水的自述"，要求学生上网搜索关于水的文字、图片、视频等素材用于网站制作。

【环境教育渗透点】

　　A1　地球上的水；A2　水的用途；A3　水污染与治理；A4　节水技术与措施。

【教学目标】

　　(1)知识与技能目标：学会运用 Dreamweaver 软件制作网站，学会 Dreamweaver 软件的简单使用，学习网页排版、站点管理等知识。

　　(2)过程与方法目标：在制作环保网站的过程中体验自主、合作探究学习的方法，培养团队意识；体验运用网络搜集信息的优越性。

　　(3)情感态度价值观目标：引导学生树立节约资源意识、环保意识，自觉开展节约资源和保护环境的行动。培养学生运用信息技术手段解决实际问题的能力，在完成任务的过程中培养学生的环保意识。

【教学重点】

　　(1)学生运用 Internet 浏览器搜集素材，通过文字的复制与粘贴、图片的保存，把素材保存到电脑里。

　　(2)学生用素材制作网站，如图片及表格的插入，图片大小、位置的调整，文字编辑和排版等。

【教学难点】

　　(1)将素材合理排版，使网站规范，布局合理。

　　(2)了解水资源的知识，将"水的自述"网站做成一个可用于向别人宣传的网站。

【教学准备】

老师收集优秀的环保网站信息，准备多媒体电子教室，检查 Internet 等。

【教学过程】

1. 引入

老师展示环保网站，学生欣赏并分析、讨论网站的优缺点。老师布置任务：学生在网上搜集与水相关的素材，以"水的自述"为主题，制作网站用于宣传。

2. 搜集素材

任务一：围绕地球上水的种类、水的用途、水的污染和治理及节水技术和措施，搜集素材，通过复制和粘贴、下载等方式将材料保存在电脑相应的文件夹中，时间为 5 分钟（要求素材有文字和图片，且数量不能太少）。

任务讲解：网站主题已经确定为"水的自述"，所搜集的素材要与水有关，且内容符合网络道德规范。图片、文字越多越好，去粗取精，去伪存真。

3. 规划网站

任务二：规划网站的组织结构、栏目设置、版面布局等，时间为 5 分钟。

任务讲解：规划网站就像设计师设计大楼一样，图纸设计好了，才能建成一座漂亮的楼房。网站规划包含的内容很多，如网站的结构、栏目的设置、网站的风格、颜色的搭配、版面的布局、文字图片的运用等，大家可以参考一些制作非常精美的网站模板（引入环节展示的网站可作为模板），吸取这些模板在设计上的长处，融入设计中，让网站更有个性，更有特色，更具有吸引力。

4. 制作网站

任务三：利用 Dreamweaver 软件制作网站，制作有困难的同学可先参照教材 75～81 页的内容，如还解决不了问题再举手寻求老师的帮助，时间为 20 分钟。

任务讲解：大家要将学到的知识运用到实际，遇到问题要积极思考、自主探索及寻求帮助。

5. 展示评价

任务四：展示优秀的学生作品，并请学生讲解和示范制作方法，学生交流讨论，通过自评、他评、师评三种方式打分，评选出最受欢迎的网站，时间为 8 分钟。

6. 课堂小结

老师：通过实战演练，我们掌握了如何快速搜集素材，如何利用现有素材制作精美的网站，了解了水的种类和用途，知道了水资源的匮乏，了解了水的污染和治理措施，也了解了我国现有的节水技术和措施。这节课不仅培养了我们动手、动脑的能力，而且我们还了解了关于水的知识，知道了节约用水，懂得了环保的重要性，希望同学们在以后的学习和生活中，用信息技术的方式向身边的人宣传环保知识。

7. 拓展延伸

老师：今天，我们学习了网站的规划、制作等知识，进一步体验了信息技术在实际生活中的运用，课下同学们可相互交流经验，继续搜集资料，做出更加精美的网站。没完成任务的同学继续完成任务，完成了任务的同学继续优化自己的网站。

【板书设计】

建立自己的网站——水的自述

任务一：搜集素材，5分钟。　　　　任务二：规划网站，5分钟。

任务三：制作网站，20分钟。　　　　任务四：展示评价，8分钟。

音乐

Yinyue

41　彩色的中国

（川教版初中音乐七年级上册）

潘越

【教学设计背景及学情分析】

教材分析：这首歌从环保的角度表达了对祖国山河与中华文化的热爱，曲调生动、流畅地表达了对祖国未来发展的关注和建设和谐社会的追求，让演唱者真正感受到"神州处处好"，并宣扬了"保护环境从我做起"。学唱这首歌，不仅能让学生在生动活泼、轻松愉悦的氛围中受到环保思想教育，陶冶学生的情操，还可开启学生的心智，一举两得。

【环境教育渗透点】

K1　生态文明；K7　绿色创建。

【教学目标】

(1)通过学习，让学生感受歌曲的旋律和情绪特点，能用自然、优美的声音演唱歌曲。

(2)学生能唱准歌曲中的休止符和连音，用适当的力度处理歌曲。

(3)培养学生对音乐活动的兴趣，让学生在生动活泼、轻松愉悦的氛围中受到思想教育，陶冶学生的情操，树立环保意识。

【教学重点】

(1)用真挚的感情、声断气不断的方法演唱歌曲。

(2)能够准确把握歌曲的三拍子节拍特点及旋律中的休止，能按照歌唱的基本要求，用轻松活泼、富有弹性的声音演唱歌曲。

(3)聆听歌曲，能够认识并分辨齐唱、合唱的演唱形式，结合练习三拍指挥，感受、体验节拍特点。

【教学难点】

(1)弱拍起唱，体会休止符的作用。

(2)能有感情地演唱这首歌曲，并从中懂得热爱大自然、保护环境的道理。

【教学准备】

老师准备钢琴、液晶投影及课件等。

【教学过程】

1. 开始部分

(1)老师：同学们，我们的祖国地大物博、人杰地灵，这是一张中国的地图(出示中国地图)，大家看一看，你能找到首都北京吗？知道四川在哪儿吗？

学生指一指，说一说。

(2)老师(手指台湾)：这是哪儿，你们知道吗？说一说你知道的有关它的信息。

学生交流。

(3)老师(小结)：这是我国的台湾地区，也叫台湾岛，它就像小船一样漂浮在大海上，那里住着台湾同胞。

(4)老师：接下来，我们再来看一看"吃货"眼中的地图(出示"吃货"地图)，同学们看一看，这幅地图上那么多色香味俱全的美食，找一找四川的美食是什么呢？如果用颜色来形容，又是什么颜色呢？

学生发表意见。

(5)老师：不同地方的食物代表的颜色也不一样，想不想看一看另外一类人眼中的中国是什么颜色呢？我们一起来看一看，行者眼中的中国 (放课件中的图片，欣赏草原、沙漠、长江、黄河等图片)。

(6)老师：看完这些图片，你们一定有很多话要说，我想请你们用表示颜色的词来说一说我们的祖国，你觉得可以用哪些颜色来表示我们伟大的祖国。

学生交流。

2. 新授部分

(1)老师：这真是一个彩色的中国。同学们知道音乐家眼中的中国又是什么样吗？让我们一起来听一听，音乐家眼中的中国是什么样的(播放歌曲《彩色的中国》)。

(2)老师：这就是我们今天要学习的新歌《彩色的中国》。

(3)老师：好听吗？听完这首歌曲，你有什么感觉？

学生说一说自己的感受。

(4)老师出示《彩色的中国》歌词，请一位同学起来读一读这段话。

学生有感情地齐读歌词。

(5)学生再次欣赏歌曲，感受三拍子的特点。

老师：那下面我们就来学唱这首歌曲，先来学习乐谱，请大家观察一下，这首歌曲中什么符号比较多，你发现了吗？

学生(观察)：休止符。

(6)老师：我们来试着跟老师的钢琴演奏唱一唱乐谱。

学生第一次唱乐谱。

(7)老师：刚才大家完整地唱了一遍，很不错，不过我也发现有些同学没有注意休止符，没有停下来，再来练习时，大家一定要注意，尽量看清音符和休止符，我们再来试一试。

学生第二次唱乐谱。

(8)老师再次带学生纠正唱谱时的错误之处，可以适当地做些示范，让学生跟唱，然后再请学生完整地唱。

学生分重点和难点再次练习，注意连音、强弱的唱法。

(9)老师：下面我们就把歌词代入唱一唱，想一想应该用怎样的感情来唱这首歌曲。

学生跟钢琴练习。

(10)老师强调一些易唱错地方的唱法。

学生再次练习。

(11)老师：下面我想请大家跟着录音来练一练，注意合准节奏。

学生随录音唱。

(12)老师：我们试着跟伴奏带唱一唱，大家可以用一些简单的动作进行表演。

学生跟着伴奏带进行表演。

3.拓展延伸

(1)老师：我们把这首《彩色的中国》唱得很美很美，你们希望我们彩色的中国什么颜色可以再多一些，什么颜色可以再少一些呢？

学生分别交流自己的想法。

(2)老师：那么怎样才能使你们喜欢的颜色更多呢？

学生再次交流。

(3)老师：最后，老师还带来了一段视频(播放视频《即将消失的美景》)，同学们，看完这段视频，你有什么感受呢？而我们应当怎样去做呢？

学生(交流感受)：保护水环境，节约水资源；保护戈壁植被，防止沙漠化，保护大气环境；树立大环境意识，保护生态环境。

(4)老师(小结)：大家说得真好，我们每个人都应该行动起来，保护环境，从我做起，从今天做起，从现在做起，相信大家喜欢的颜色会越来越多，彩色的中国会越来越美。

【板书设计】

1.休止符的意义：

乐句中间的休止符，将为乐音的进行提供短暂的间歇，从而使整个乐句更加富有生气、充满动力、表情鲜明。

2.三拍子的意义：

3.三拍子有着旋转、摇曳的律动，天生就有舞蹈的性质，用于表现一些轻巧、优美、诙谐、田园、安详的音乐。

4.三拍子的强弱规律：强　　弱　　弱　●　○　○

5.三拍子指挥图示：

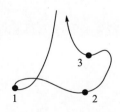

42 给未来一片绿色

（人音版初中音乐八年级下册）

张玲玲

【教学设计背景及学情分析】

《给未来一片绿色》是一首表现少年儿童爱护环境、爱护地球、美化环境、造福人类的歌。词作者采用疑问—讨论—结论的形式，设计了诗意般的意境，曲作者用调性对比的手法加以刻画，谱出这首歌。歌曲的主题部分为 D 大调，前奏降 B 大调-g 小调，为主题部分调性做了准备。第一部分由四个乐句构成，描绘儿童在思考问题，旋律流畅婉转、抒情。第二部分是第一部分的发展，由两个乐句构成，表现儿童在思考、讨论、选择的意境，感受地球美丽的图画，自然的和谐美；作者用二声部，旋律活跃，好像你一言我一语。第三部分是前两个部分的深入发展，描绘了儿童经过热烈讨论得出了肯定的结论："给未来一片绿色"。旋律由"啊"起，音乐呈复调式进行，好似儿童兴奋地对答，以肯定的语气结束全曲。

【环境教育渗透点】

D1 大自然的声音。

【教学目标】

(1)情感目标：通过学唱歌曲，使学生领悟保护环境、关爱地球、热爱大自然这一人类共同的主题，增强学生热爱祖国、爱护环境、热爱大自然的意识。

(2)知识目标：①了解合唱的概念及合唱的和谐与均衡；了解转调的初步知识，激发学生对大自然的喜爱。

(3)技能目标：用比较圆润的声音演唱歌曲，学会正确的咬字和吐字方法，并能够用和谐均衡的声音参与合唱。

本课重点揭示作品的表现力以及音乐要素在作品中的作用，让学生在感知要素、捕捉情感的过程中领悟"保护环境，关爱地球，热爱自然"这一人类主题，激发学生对大自然的喜爱。

【教学重点】

本课的教学重点是用和谐圆润的声音自信、有感情地演唱歌曲，表现歌曲优美、抒情的情绪。

【教学难点】

本课的教学难点是弱拍起节奏，休止符的处理。

【教学准备】

老师准备：PPT、钢琴及音乐。

【教学过程】

1. 组织教学

老师播放环保歌曲，创设情景。

2. 创设情景导入新课

(1)老师给大家播放一段录像(关于空气污染、森林被大量砍伐、许多绿洲变成沙漠的画面)，同学们，你希望我们未来的地球是这个样子吗？

(2)学生回答其感受。

师生活动及设计意图：老师播放课件，学生欣赏，引导学生说出环保的重要性，引出课题《给未来一片绿色》，用学生身边的事例导入，使学生对歌曲的学习更感兴趣。

3. 初听歌曲，体验感受歌曲

(1)完整聆听歌曲，学生谈一谈初听歌曲的感受。

老师：歌曲描绘了怎样的意境？

学生回答。

(2)老师简介歌曲创作背景、词曲作者。

师：歌曲为何能把人带入诗一般的意境，让我们踏着音乐的足迹去寻找答案。

(3)学生复听歌曲，感受、体验歌曲旋律、速度特点(学生随录音模唱旋律，学生随老师一起打节拍，感受四四拍的特点)。

速度：中速稍慢。

旋律：流畅、抒情、婉转。

情绪：优美、抒情。

演唱形式：领唱、二部合唱。

师生活动及设计意图：多次聆听，使学生理解歌曲特点。

4. 学唱歌曲，解决难点

(1)学生随琴唱旋律，并找出难点，用对比的方法体会休止符的作用(图 42-1)。

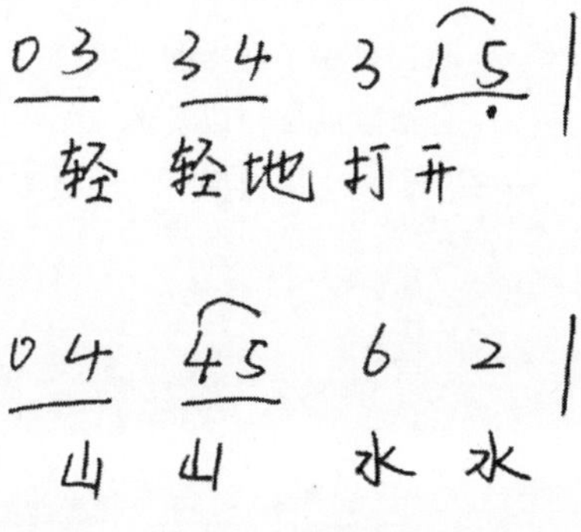

图 42-1　休止符

(2)老师示范唱，学生感受歌曲情感并了解歌曲结构。

A 部分：提出问题，思考问题，旋律婉转优美。

B 部分：你一言、我一语在讨论，旋律比较活跃。

C 部分：得出肯定的结论，旋律较肯定。

(3)学生演唱歌曲，进一步体会歌曲的旋律。老师教学生咬字、吐字的正确方法，让学生指出学习的难点，逐个解决，学生自主学习。

(4)用自己喜爱的形式演唱歌曲，找出个别学生领唱，其他齐唱。

老师：同学们今天表现得非常好。同学们思考一下我们歌曲的"绿色"仅仅是绿颜色的含义吗？请大家思考"留一个生命的春天"的含义，如何使自己的生命永远拥有春天？

师生活动及设计意图：让学生自主学习，鼓励学生表演，提高创新能力与合作学习的能力。

5．拓展延伸

(1)学生聆听美国摇滚巨星迈克尔·杰克逊的歌曲《拯救地球》，进一步领悟"保护环境、关爱地球，热爱大自然"这一人类主题。

(2)再次完整演唱歌曲《给未来一片绿色》。

(3)学生分小组进行讨论，应该怎样保护我们共同的家园？

6．本课小结

同学们说得真好，希望你们把今天的感受落实到行动上，共同保护我们的地球，爱护我们的家园。

7．作业超市

老师布置课后作业：

(1)办一张环保小报；

(2)学会环保歌曲；

(3)把你的想法和感受说给自己的家人听。

【板书设计】

给未来一片绿色

——歌曲描绘了怎样的意境

——分析歌曲旋律以及歌词

——我们怎样来保护自己的家园

Pinde Yu Shehui

43　校园风景线

（教科版初中品德与社会七年级下册）

张贵兰

【教学设计背景及学情分析】

　　本课是本单元的第一课，也是本课程的起点。考虑小学到初中的衔接和过渡，非常需要对学生进行初步的"始业"教育，让学生感受、了解初中生活，熟悉新的校园环境、人际关系和集体。《校园风景线》引导学生了解新学校，包括学校的外观、历史和校训。首先，以赏心悦目的校园剪影引发学生的兴趣；接着安排"话说学校"活动，请同学们描绘自己对新学校的初步印象；然后，以"校史寻踪"为活动主题，通过事前的参观、访问等活动交流学校的历史与现状，使学生进一步了解新学校的历史足迹；最后，通过对校训的感悟，加深学生对校园精神文化的理解和认同。

　　七年级学生从小学升入初中，进入一个陌生的环境。七年级第一单元是整个初中阶段的起点，应做好初中阶段的"始业教育"。所以，学习本课有利于学生更好、更快地适应新的学习环境。

【环境教育渗透点】

　　C5 为减少固体废物你可以采取的行动。

【教学目标】

　　情感态度价值观目标：初步培养学生对学校的热爱之情，引导学生适应新的学习环境。

　　能力目标：培养学生观察、感悟生活和适应新环境的能力。

　　知识目标：了解学校发展的历史和现状，懂得制定校训的意义，了解校校训的含义。

【教学重点】

　　本课教学重点是"校园剪影"和"校史追踪"。学生只有亲身感受学校的设施环境，了解学校的风格和特色，知道学校的辉煌历史，发现其可爱之处，才会对新的学校产生热爱之情。

【教学难点】

　　本课教学难点是"校训感悟"。校训是如何制定的，校训有什么作用，不同的学校会有不同的校训，不同的校训传达着怎样的精神内涵，这对于生活经验和阅历不多的初中学生来说，理解起来会有一定难度。

【教学准备】

(1)老师：搜集学校的一些图片和宣传学校的相关视频资料。

(2)学生：通过多种途径，了解学校的发展历程，学校的校训，办学理念等。

【教学过程】

1. 新课导入

让学生说说自己对学校的印象。首先让学生谈谈对学校的了解和感知，要避免老师先入为主的全面介绍。不同的学生对学校的认识会体现在不同的方面，首先由学生自由交流，激发学生的积极性，强化他们作为学校"新的小主人"的身份认同感；不同的信息交流也会激发学生相互学习的热情，强化学生主动观察生活、感悟生活的意识。这样，教师也能比较全面地了解学生的认知情况。

2. 讲授新课

(1)第一层次：校园剪影。

老师播放介绍绿盛实验学校情况的宣传片(十年校庆的宣传片)，加深学生对学校的了解，激发对新学校的热爱之情。

学生活动："画"说我们的学校。引导学生画一幅自己印象中的新学校，在最喜欢的地方做上标记"★"，并且想一想，自己为什么最喜欢这里。学生在观看完学校宣传片后，再通过自己的方式来描述学校，此时的描绘会带有更深的感情色彩，进一步激发孩子对学校热爱的情感。

(2)第二层次：校史寻踪。

学生交流课前了解的学校历史。学生课前了解校史的方式有很多，可访问老师或学长，也可通过网络等多种方式。通过这样的课前活动，可培养学生获取信息的能力，同时可让学生多维度了解学校。

在了解的基础上引导学生对学校历史进行梳理。

创办时间：＿＿＿＿＿＿＿＿＿＿＿＿＿＿＿＿＿＿＿＿＿＿＿＿＿；

创办者：＿＿＿＿＿＿＿＿＿＿＿＿＿＿＿＿＿＿＿＿＿＿＿＿＿＿；

发展历程：＿＿＿＿＿＿＿＿＿＿＿＿＿＿＿＿＿＿＿＿＿＿＿＿；

重大事件：＿＿＿＿＿＿＿＿＿＿＿＿＿＿＿＿＿＿＿＿＿＿＿＿；

知名校友：＿＿＿＿＿＿＿＿＿＿＿＿＿＿＿＿＿＿＿＿＿＿＿＿；

校史给我的启发和思考：＿＿＿＿＿＿＿＿＿＿＿＿＿＿＿＿＿＿。

梳理学校历史的过程也是学生进一步强化情感的过程。

(3)第三层次：校训感悟。

老师带领学生共同了解校训的含义，分享一些知名学校的校训。首先让学生相互交流他们了解的校训并且分析其内涵，在学生交流的基础上，教师可再提供更多的校训引导同学们共同分析其意义，充分感受校训对一所学校的精神指引作用，重在分析校训对学校的指引作用。

扩展：老师引导学生讨论以下内容。

我们学校的校训及其含义是什么？校训给我的感悟是什么(表 43-1)？

表 43-1 绿盛办学理念及校训等(老师补充)

项目	内容	项目	内容
办学思想	绿色教育	办学理念	绿润生命 盛及未来
学校校训	砺志笃行 荣校报国	学校校风	阳光蓬勃 卓越向上
学校教风	爱生乐教 善导博学	学校学风	勤学奠基 活学出彩
学校愿景	着一片绿色 圆一生梦想	形象语	绿源勤耕 盛自巧耘

设计意图：培养学生的主观能动性，让学生思考校训的意义，能够强化学生作为学校主人翁的意识，初步培养热爱学校的情感，并调动学生为荣校而勤奋学习的积极性。

3. 补充和延伸

(1)老师介绍我国和世界名校的校训(表 43-2、表 43-3)

表 43-2 中国名校校训

学校	校训	学校	校训
清华大学	自强不息 厚德载物	复旦大学	博学而笃志，切问而近思
中山大学	博学 审问 慎思 明辨 笃行	山东大学	学无止境 气有浩然
厦门大学	自强不息 止于至善	中国政法大学	厚德明法 格物至公
上海交通大学	饮水思源，爱国荣校	南开大学	允公允能，日新月异
苏州大学	天地正气，法古今完人	中国政法大学	厚德明法，格物致公

表 43-3 西方大学校训

学校	校训	学校	校训
哈佛大学	让真理与你为友	麻省理工学院	既学会动脑，也学会动手
斯坦福大学	愿学术自由之风劲吹	加利福尼亚理工学院	真理使人自由
芝加哥大学	让知识充实你的人生	西点军校	职责、荣誉、国家
爱丁堡大学	有知识者既能看到事物的表象，也能发现其内涵		

(2)绿盛实验学校的办学理念：绿润生命，盛及未来(渗透绿色学校的由来)。

绿色，代表自然和生命，显现关爱与和谐，寓意生机和成长，象征生命和希望。注重以人为本，追求学校、教师和学生全面、和谐、可持续发展。学校从"绿色管理、绿色教学、绿色德育、绿色评价和绿色文化"五个方面构建"绿色教育"体系框架。老师提问：为实现学校愿景"着一片绿色，圆一生梦想"，你能做些什么？

老师引导学生保护校园环境卫生，不乱扔乱丢，随手捡垃圾、劝导并制止乱扔乱吐等不文明行为等。

说明：这里的内容不是教材上的，是为了增强学生对新学校的了解尤其是学校特色而补充的。

4. 课堂小结

孩子们总结：通过今天的学习，我知道了我们学校是一个_____的学校，今天我以绿盛学校为荣，在这里，我准备_____，让明天学校以我为荣。

5. 课后拓展(渗透环保教育)

"校园是我家，爱护靠大家"，你准备如何以实际行动来捍卫"四川省绿色示范学校"的称号，给我们一个干净的"家"？

【板书设计】

44 关 注 社 区

（教科版初中品德与社会七年级下册）

李付平

【教学设计背景及学情分析】

本课是教科版初中品德与社会七年级下册第五单元《走进社区》的第一部分内容，旨在让学生在已有生活经验的基础上，认识和了解自己所生活的社区的特点。通过感受社区的外在环境、体验社区的内在文化、了解社区的邻里关系、参与社区的相关活动，使学生认识自己在社区中的责任与义务，增强学生作为社区一员的归属感。

本课包含"社区素描""感受社区"两个层面的话题，从面到点、由表及里、自内而外地引导学生，使学生了解作为社区成员的权利和义务，形成相应的角色和责任意识。

【环境教育渗透点】

K2 可持续发展。

【教学目标】

情感态度价值观目标：增进关心社区的兴趣和情感，养成亲近社会的行为。

能力目标：培养学生积极参与社会公共生活的能力；培养学生基本的道德判断和辨别是非的能力。

知识目标：了解社区的特点，认识社区生活中我与他人、我与社会的道德规范。

【教学重点】

本课的教学重点是让学生知道什么是社区；了解我们居住的社区。

【教学难点】

本课的教学难点是让学生知道作为社区成员的权利和义务。

【教学准备】

（1）老师：收集社区的相关资料。

（2）学生：利用周末时间，关注社区情况。

【教学过程】

1. 新课导入

老师展示图片，让学生介绍自己所在社区的概况，引导学生从不同的方面进行描述。

2. 合作探究

(1)第一层次：社区素描。学生通过认识自己社区或熟悉的社区，引导学生理解社区概念，从不同方面去认识各种各样的社区生活(让不同地域、不同条件社区的学生发言)。

设计学生活动："画"说自己生活的社区，可以是社区平面图，也可以是社区特征和反映社区生活的景物图，画完后与同学分享。让学生对自己居住的社区有一个比较明确的认识，感受自己社区的独特之处，关注社区与社区之间的不同，增强学生对社区的了解。

(2)第二层次：感受社区。学生交流周末关注的社区情况。

①我的社区之最。请几位学生根据自己课外填写的"社区之最"调查表介绍自己的社区之最。让学生在关注自己社区的同时与其他社区进行比较，进一步认识自己社区的特点。

②我们该如何与邻居相处？通过小品表演或影视片段，展示邻里相处的不同情形：老死不相往来、特别爱打听别人隐私、邻里互相帮助、和谐相处、只顾自己不管他人……学生分组讨论邻里相处的诀窍，小组派代表介绍自己组的讨论结果，教师总结。让学生了解和认识邻里关系的重要性以及怎样保持良好的邻里关系。

3. 课堂小结

老师：当你每天行走于花草树木郁郁葱葱的社区中，你一定有沐浴春风般的舒适与惬意；当你看到有花草被破坏时，你会感到不快，因为你也是社区中的一员，你已懂得"小草有生命，君子足留情"的含义；社区的卫生条件也会直接影响你每天的心情，你会不自觉地捡起路边的纸屑。我们只有以主人翁的态度去关心社区、感受社区，才能让社区的天更宽、地更阔、花更艳、草更绿。

4. 课后拓展

假如你生活在一个不是很和谐的社区，经常有吵架现象发生，各种噪声影响生活，社区到处都是垃圾，小车到处乱停，交通也很拥堵，偶尔还有偷盗事件发生。作为社区的一员，你打算怎样做呢？

【板书设计】

关注社区 ｛ 社区素描 / 感受社区

45 人类的朋友

（教科版初中品德与社会八年级下册）

张云霞

【教学设计背景及学情分析】

《人类的朋友》是八年级下册的第一课，是八年级下册涉及"资源环境"这一主要内容的开端，也是提醒学生保护环境的重要一课。

品德与社会课，本着对学生思想与心灵的教育理念，达到引导学生形成正确的人生观、价值观的目的；培养学生良好品格，提高学生素质，让学生逐渐成长为一个情感、态度、价值观正确的人，从而适应社会生活，并学会处理人际关系。本课的学习主要倾向于教育孩子适应自然，与大自然成为朋友，同时学会爱护环境、保护自然。

八年级的学生，思想正在发展期，这个年纪，也是他们思想价值观成长的关键时期。他们有着对生活的激情，但同时也容易被不良思想误导。因此，在此刻给予正确指引特别重要。让孩子们从内心深处去感悟大自然、去保护大自然，这样更具有教育意义。

【环境教育渗透点】

E2 生物多样性的重要性；E3 生物多样性面临的威胁。

【教学目标】

情感、态度、价值观目标：培养亲近自然、鉴赏自然的情感，树立自觉爱护自然、保护环境、尊重生命的意识。

能力目标：认识自然对于人类生存和发展的重要意义；培养亲近自然、鉴赏自然的能力。

知识目标：了解自然资源、生物多样性和自然环境的概念与分类。

【教学重点】

让学生理解自然资源、生物多样性对人类生存和发展的重要性。

【教学难点】

以食物链和生态平衡为例，让学生认识自然环境对人类生存和发展的重要性是本课的教学难点。

【教学准备】

(1)学生搜集描写自然的诗词、乐曲，提供自己拍摄的自然风光照片。

(2)学生上网查阅生物多样性的有关资料，以便课堂交流。

(3)老师制作关于生态系统知识的课件，以便课上展示。

(4)老师根据课堂活动要求，对学生分小组布置探究任务。

【教学过程】

1. 导入(欣赏美图)

老师：首先请大家一起欣赏一些图片。然后大家把课本翻到第1页，我们一起大声、整齐地朗读这一个自然段的内容。

老师：同学们，从刚刚朗读的这段话中，你们能找出谁是人类的朋友吗？

学生：大自然。

老师：那么，这节课我们就来学习大自然这位《人类的朋友》。

2. 自主学习

(1)老师：请大家安静、仔细地默看课本2～6页，在课本中勾画以下知识点。

①人类生活的必需品是什么？

②自然资源的种类有哪些？

③自然环境的种类以及其重要性？

④了解什么是食物链？

注意：身体坐直，右手拿笔，仔细看书，完成任务。完成后，请每组同学进行解答，落实到书中。

(2)自主学习后的展示(略)。

3. 合作探究、展示释疑

(1)自然资源是取之不尽、用之不竭的，我们可以无限地开采和使用。这种观点对吗？为什么？

学生讨论后展示。

老师点评总结：自然资料的总量是有限的，它分为可再生资源和不可再生资源。对于不可再生资源而言，用一点就少一点，我们不能随意开采，要科学开采，节约资源，充分提高资源的利用率。

(2)你们知道食物链与人的关系吗？请小组讨论一下，各举一例并动手画一画。

学生：地球上，各种生物之间形成了相互作用、相互依存的食物链关系，并保持整个生态系统的平衡。

人类与大自然通过食物链紧密地联系在一起。人类应该珍惜大自然，尊重大自然中的一切生命！

老师：让我来查看大家画的食物链。大家一起来看黑板上的食物链，思考一下，图中各生物之间的关系是怎样的？如果其中的食虫鸟灭绝，其他生物将会出现怎样的变化？

学生：相互依存，相互作用的关系，会导致整个食物链被破坏，不能运转，甚至导致一些生物灭绝。

4. 总结提升：师生共同完成

通过学习，学生了解：

(1)人类的生活每时每刻都离不开自然资源；

(2)自然资源包括可再生资源和不可再生资源，合理利用和保护好可再生资源，这些资源才能不断更新；

(3)生物多样性是自然界的重要特征；

(4)自然环境是人类生存和发展的空间物质条件，包括地质环境、水环境、生态环境、大气环境、空间环境等，各种生物在自然环境中形成了相互依存的食物链关系，保持着整个生态系统的平衡，人类应该珍惜大自然，尊重大自然中的一切生命。

5. 环保教育拓展

老师：在实际生活中应该怎么去珍惜、尊重大自然的一切资源呢？

本课旨在帮助学生加深对自然资源重要性的认识，从而增强节约资源和保护环境的意识。

老师提示学生：可从节约资源、保护环境、保护动物和植物等方面举例。

【板书设计】

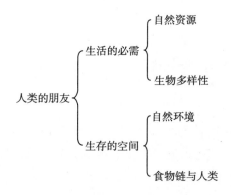

46 我们也来做"议案"

（科教版初中品德与社会九年级上册）

黄东东

【教学设计背景及学情分析】

　　本课是科教版初中品德与社会九年级第四单元十三课最后一部分内容，也是本单元最后一节课，是本单元的一个落脚点，前面教会学生掌握人民代表大会和政治协商会议的知识也是为了落脚在写议案上面，培养学生的主人翁意识。因此，本课是本单元最具实践性意义的一节课。

　　九年级的学生理论联系实际的能力已初步具备，同学们基本都能够从生活中的一些琐事看到教材中学到的知识，看到生活中的好与不好，会辨别是非。而教会学生写"议案"主要就是针对生活中的问题，当个小人民代表；学会写"议案"，主要锻炼学生归纳生活现象的能力，并培养学生通过现象看本质的能力，尤其是当下的环境保护问题，学生体验深刻，透过环境现象分析原因，并提出解决方法。

【环境教育渗透点】

　　B4 空气污染的防治；K4 节能减排。

【教学目标】

　　1. 情感态度与价值观目标

　　培养学生的民主意识，有主人翁意识；培养学生透过现象看本质的能力及想办法解决问题的意识。

　　2. 能力目标

　　培养学生理论联系实际的能力，会根据家庭、学校中发生的事情来写"议案"。

　　3. 知识目标

　　让学生知道人民代表大会代表（人大代表）行使民主权利和参政议政的重要方式是提交议案，掌握写议案的方法。

　　本节主要内容：

　　(1) 人大代表行使民主权利和参政议政的重要方式是提交议案；

　　(2) 学做议案，是培养我们的民主意识和参政能力的好方法；

　　(3) 写议案的方法；

　　(4) 要有一颗负责任的心，并用心观察生活，特别是针对当下非常重要的资源和环境问题。

【教学重点】

本课的教学重点是写议案的方法。无论是作为人大代表写议案，还是作为学生分析生活中的问题，教会学生写"议案"的方法都能帮助学生认识并解决很多生活问题。

【教学难点】

本课的教学难点是观察生活现象，透过现象看本质，并将之整理为议案。学生分析问题还不够透彻，大部分只能看到现象，看不到本质，因而这是个难点。

【教学准备】

(1)教师收集学生在家庭和学校浪费资源和乱丢垃圾的图片。
(2)学生拍摄小区中以及学校中的一些污染环境和浪费资源的图片。

【教学过程】

(1)回顾本单元重要知识。抽背关于人大代表和政协委员的职责以及发挥的作用。
(2)课堂导入。老师：人大代表的工作是神圣而伟大的，我们今天也来做做人大代表，为咱们的老百姓办点实事。
(3)学生自主预习。完成白板的预习作业，思考如何来写议案并表达自己的意见。预习完后请学生先谈谈自己的观点。
(4)重点学习。针对学生回答问题的观点进行简要讲述，重点讲授写议案的方法，让学生真正掌握写"议案"的方法。首先需要发现问题，发现生活中的问题，以在学校乱扔垃圾为例。接着探索问题，扔垃圾看似是一个很平常的问题，但深入分析会发现扔垃圾的人几乎都形成了乱扔的习惯，并且学校的惩罚措施不够严厉，两方原因共同造成学校环境的污染。老师：我们可以向学校建议，加大对学生乱扔垃圾的处罚力度，或者开展爱护环境的讲座，让学生认识环境对我们生活的重要性，最后整理成文，署上自己的名字交给学校给领导。
(5)合作探究。请学生针对学校、家庭生活中的空气污染问题写一篇"议案"，再针对生活中节约资源的问题写一篇议案。充分发挥学生的想象能力，联系生活实际，写真事、道真情，让学生认识到自己是这个学校、家庭的主人，培养学生的民主意识。
(6)请学生展示自己的"议案"。
(7)老师抓住学生写到的问题，全班一起探讨是否正确，写的是否符合现实，老师点评，并总结。
(8)课堂小结。通过本课的学习，学生既学会了写"议案"，体验了人大代表的身份，也学会了关注自己的生活，做祖国的主人。
(9)完成练习册练习题，并评讲。
设计意图：通过和学生的共同探讨和分析，能提高学生发现问题、分析问题的能力，也能加强学生对生活的关注度，提高自己的主人翁意识，主动关心、爱护我们共同的家园。

【板书设计】

议案　　　　　人大代表　　　　　行使民主权利和参政议政

方法：
1. 发现问题
2. 想出解决方案
3. 整理成文
4. 郑重签名

附　录

初中环境教育学科同步渗透知识点解析
何平均

A. 水

A1 地球上的水

A2 水的用途

A3 水污染与治理

A4 节水技术与措施

B. 空气

B1 大气污染的概念

B2 大气的主要污染源和污染物

B3 大气污染的危害

B4 空气污染的防治

C. 固体废物

C1 固体废物危机

C2 废物处理方法与垃圾"三化"

C3 源削减

C4 家庭和学校的有害废物、塑料等

C5 为减少固体废物你可以采取的行动

D. 噪声

D1 大自然的声音

D2 噪声污染的来源

D3 噪声污染的危害

D4 噪声污染的防治

E. 生物多样性

E1 生物多样性的定义

E2 生物多样性的重要性

E3 生物多样性面临的威胁

E4 植树与绿化

E5 保护野生动物

F. 食物

F1 食物生产活动与环境

F2 食物金字塔

F3 营养物质

F4 食品标签

F5 对环境有益的食物

F6 绿色食品和有机食品

G. 土壤、化肥和农药

G1 土壤污染

G2 化肥和农药污染

G3 生态农业

H. 能源

H1 能源危机

H2 不可再生能源资源

H3 可再生能源资源

H4 节能技术与措施

I. 交通

I1 交通污染

I2 新能源汽车

I3 绿色出行

J. 气候变化与低碳经济

J1 气候变化简介

J2 气候变化的原因及影响

J3 应对气候变化的主张与方案

J4 低碳生活

K. 重要概念、政策法规及其他

K1 生态文明

K2 可持续发展

K3 科学发展观

K4 节能减排

K5 低碳经济

K6 循环经济

K7 绿色创建

K8 绿色 GDP

K9 绿色生活方式

K10 碳标签